O homem sem nome

O homem sem nome

Roger Ceccon

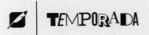

Copyright © 2022 by Editora Letramento
Copyright © 2022 by Roger Ceccon

Diretor Editorial | **Gustavo Abreu**
Diretor Administrativo | **Júnior Gaudereto**
Diretor Financeiro | **Cláudio Macedo**
Logística | **Vinícius Santiago**
Comunicação e Marketing | **Giulia Staar**
Assistente de Marketing | **Carol Pires**
Assistente Editorial | **Matteos Moreno e Sarah Júlia Guerra**
Designer Editorial | **Gustavo Zeferino e Luís Otávio Ferreira**
Capa | **José Guilherme Machado**
Revisão | **Camila Araújo**
Diagramação | **Isabela Brandão**

Todos os direitos reservados. Não é permitida a reprodução desta obra sem aprovação do Grupo Editorial Letramento.

Dados Internacionais de Catalogação na Publicação (CIP) de acordo com ISBD

C388h	Ceccon, Roger
	O homem sem nome / Roger Ceccon. - Belo Horizonte, MG : Letramento ; Temporada, 2022. 166 p. ; 15,5cm x 25,5cm.
	ISBN: 978-65-5932-246-6
	1. Literatura brasileira. 2. Romance. 3. Solidão. 4. Relação social. 5. Família. 6. Memória. I. Título.
2022-3387	CDD 869.89923 CDU 821.134.3(81)-31

Elaborado por Odilio Hilario Moreira Junior - CRB-8/9949

Índice para catálogo sistemático:
1. Literatura brasileira : Romance 869.89923
2. Literatura brasileira : Romance 821.134.3(81)-31

Rua Magnólia, 1086 | Bairro Caiçara
Belo Horizonte, Minas Gerais | CEP 30770-020
Telefone 31 3327-5771

TEMPORADA
é o selo de novos autores do
Grupo Editorial Letramento

editoraletramento.com.br • contato@editoraletramento.com.br • editoracasadodireito.com

Sinopse

Após um inusitado sequestro na cidade de Porto Alegre, o personagem de *O homem sem nome* se isola do mundo. Tomado pela loucura e pela solidão, se entrega às artes e, ao rememorar o passado, reflete as perdas, as partidas, a vida, a morte e a sociedade atual. Um romance marcado entre o real e o abstrato.

Sobre o autor

Roger Ceccon é escritor e professor universitário. Autor dos livros *As imposturas da língua* (Editora Folhas de Relva, 2022) e *Becos emoldurados* (Clube dos autores, 2015), estreia no gênero romance com o livro *O homem sem nome*, publicado pela Editora Letramento.

Este livro é baseado em mentiras e em outras estórias inventadas.

13
PRIMEIRO CAPÍTULO

36
SEGUNDO CAPÍTULO

44
TERCEIRO CAPÍTULO

65
QUARTO CAPÍTULO

71
QUINTO CAPÍTULO

77
SEXTO CAPÍTULO

82
SÉTIMO CAPÍTULO

86
OITAVO CAPÍTULO

93
NONO CAPÍTULO

99
DÉCIMO CAPÍTULO

105
DÉCIMO PRIMEIRO CAPÍTULO

113
DÉCIMO SEGUNDO CAPÍTULO

118
DÉCIMO TERCEIRO CAPÍTULO

124
DÉCIMO QUARTO CAPÍTULO

133
DÉCIMO QUINTO CAPÍTULO

145
DÉCIMO SEXTO CAPÍTULO

151
DÉCIMO SÉTIMO CAPÍTULO

154
DÉCIMO OITAVO CAPÍTULO

159
ÚLTIMO CAPÍTULO

Primeiro capítulo

- Entra nesse carro, filho da puta!
Por um milésimo de segundo pensei que esse grito não fosse pra mim.
Mas era.
Eu estava sendo assaltado.
Na rua.
Na saída do trabalho.
Mas também, moro em Porto Alegre.
Um milhão e meio de pessoas.
Eu sabia que mais cedo ou mais tarde ia acontecer comigo.
Aqui acontece com todo mundo.
Ainda essa semana atiraram em uma guria que estudava na UFRGS.
Abriram um rombo na cabeça da menina.
Dezenove anos.
Numa ruazinha perto da Ramiro Barcelos.
Não roubaram nada.
Mas mataram.
Na frente do namorado.
Saíram pra comemorar um ano de namoro.
Tadinha.
Uma verdadeira
tragédia.
.
A violência tomou conta da cidade.
O governador decretou guerra contra as facções.
E não poucas aqui em Porto Alegre.
Os *Mano*, o *PCC* e os *Bala na Cara*.
Cada ponto de tráfico estourado pela polícia produz muita gente roubada nas ruas.

Pessoas que não tem nenhum envolvimento com o crime.
Mas pra compensar a perda do que é apreendido, as facções investem em assaltos.
O tráfico nunca perde.
E o governador jamais vai entender.
É um imbecil.
Um conservador.
Na eleição ele disse para os professores comprarem piso na *Tumeleiro*.
Uma loja de materiais de construção da cidade.
Os professores reivindicavam o piso salarial.
O piso.
E ele fez esse trocadilho.
Cafona.
Mesmo assim foi eleito.
O povo ama se
foder.
.
Estamos em dois mil e dezesseis.
Tá um calor do caralho.
Em fevereiro, Porto Alegre se transforma num inferno.
O asfalto pega fogo.
Falta ar pra respirar.
E a cidade tá mesmo violenta.
Depois que os *Bala na Cara* dominaram a cidade, matam por qualquer coisa.
Bala na Cara é a facção criminal mais cruel.
O próprio nome já diz.
Bala-na-cara.
Bandidos de verdade.
Assassinam sem escrúpulo.
Matam criança e mãe de família.
Com tiro na... cara.
Bom mesmo era no tempo do Carlão.
Outro traficante famoso.
Comandava tudo do morro da Vila Conceição.
Mas prenderam.
Depois mataram.
Com ele, não havia violência.

Não que não houvesse, mas o crime era mais organizado.
Matavam quando um *noia* ficava devendo.
Ou quando rateava.
Se pegava droga e não pagava.
Aí sim apagavam.
Mas ninguém matava inocente.
Agora, por exemplo, tem alguém com uma arma encostada nas minhas costas.
E me chamando de filho da puta.
Mandando eu entrar num carro.
Eu sou inocente.
Bem provável que seja alguém dos Bala.
Estou
fodido.
.
O cano da arma é gelado.
Parece uma faca.
Nunca peguei uma arma na mão.
Armas sempre me causaram repulsa.
Será que ninguém tá vendo? - penso.
As ruas estão cheias.
Estamos perto do parque da Redenção, na esquina da Loureiro da Silva.
Lugar de gente descolada.
Hippie, poeta, artista.
Trabalhador e morador de rua.
Gente de todo o
tipo.
.
Ainda é dia.
Suo feito um porco.
- Segue caminhando e não faz nada, filho da puta. – diz o assaltante.
De novo *filho da puta*.
A arma segue encostada em mim.
Agora com mais força.
Filho da puta é tu - penso.
Sempre odiei que me chamassem de filho da puta.
É humilhante.
Envolve a mãe.

E mãe é sagrada.
- Tu vai entrar naquele carro estacionado
ali.
.

Parece que conheço essa voz.
Não é voz de bandido.
Tem bom português.
Nem tão bom.
O *tu* está mal colocado na frase.
Voz de corretor de imóveis.
Evangélico.
Que prega a bíblia como salvação.
Tem um sotaque do interior.
O *tu* condena.
Quem sabe de Itaqui.
Eu não conheço ninguém que conhece Itaqui.
Itaqui é uma cidade desconhecida no
mundo.
.

Não consegui ver o rosto dele.
Me abordou por trás.
Covarde.
Eu estava desprevenido.
Agora só olho para a frente.
Mal
respiro.
.

Me preocupo com a minha carteira.
Vê se pode?
Pensar na carteira numa hora dessas.
Levo a mão ao bolso de trás.
Ela tá ali.
Ela está sempre ali.
Às vezes até em casa está no meu bolso de trás.
Da calça.
O bolso direito.
Tenho medo de perde-la.
Ou que roubem a minha identidade.

Tenho uma identidade.
Freud explicaria.
Mas morreu.
E eu não confio nos psicólogos freudianos que andam por aí.
O extravio da identidade gera uma burocracia da porra.
Ou talvez eu seja apegado demais à minha identidade.
A quem eu sou.
Também tem cartões de banco.
Se perco o cartão, tenho que cancelá-lo.
Boletim de ocorrência.
Polícia.
É uma
merda.
.
Perder o celular também é uma merda.
Fora o preço que tá um novo.
Custa o olho da cara.
E são umas porcarias.
Duram no máximo um ano.
As empresas já fazem com validade para termos que trocar.
É um *looping*.
Eles te viciam em redes sociais.
E depois te vendem o aparelho.
É igual ao tráfico.
Estamos nas mãos desses canalhas.
Livre mercado.
E ninguém vive sem identidade.
Nem sem carteira.
Nem sem drogas.
Todo mundo usa uma droga ou outra.
Cocaína, chocolate, remédio, *Instagram*.
O mundo por si só é uma
droga.
.
Pelo visto, ele vai me levar à uma agência bancária.
Me obrigar a sacar dinheiro do caixa eletrônico.
Já ouvi falar em assaltos assim.
Tenho conta no Banco do Brasil e no Banrisul.

Os cartões estão na minha carteira.
Mensalmente, pago duas tarifas aos bancos.
30 reais em cada.
Por preguiça de cancelar essas contas malditas.
Quero bloquear ambas.
Odeio bancos.
E contas bancárias.
Nunca olho o meu extrato.
Porque cada vez que o vejo, uma tristeza me acomete.
Então decidi não olhar.
E foda-se.
Mas no fundo sou um idiota.
Alimento uma corporação de banqueiros.
Com meu dinheiro eles jogam golfe.
Bebem *Chandon*.
É óbvio que não é só com o meu dinheiro.
O meu e de mais outros idiotas.
Há muito idiota no Brasil.
Banqueiros bebem bebida boa.
E cara.
E eu ganho uma merreca.
Nesse país, só banqueiros jogam golfe.
Pobre joga futebol.
Ronaldinho joga ambos.
Já vi fotos.
Gordo.
Num campo de golfe.
Um jogo sem graça.
Banqueiros são mesmo sem graça.
Ronaldo também.
São milionários.
Cafonas.
A elite brasileira é uma
merda.
.
Mesmo com uma arma encostada em mim, não sinto medo.
Medo é um tipo de ansiedade.
Sensação antecipada.

Quando o problema acontece, não ficamos com medo.
Antes, sim.
Na verdade, não sei o que sinto.
É algo que nunca experimentei.
Até porque nunca havia sido assaltado.
Não sei
nomear.
.

Se for preciso, saco o dinheiro que tenho.
Não é muito, mas poupei umas economias.
Entrego tudo.
Serei educado.
Farei tudo que esse canalha mandar.
Quer dizer, nem tudo.
Tenho princípios.
Mas essa é a conduta mais adequada em situações assim.
Não falha.
Eu sei que é papo de
coach.
.

Merda!
Tem alguém sentado ao volante do carro.
Agora são dois assaltantes.
Fodeu de
vez.
.

Entro no carro.
O motorista não me olha.
Parece envergonhado.
Deve ser um pai de família.
É mais gordo.
Desajeitado.
E eu não gosto de gordos.
Eles simpáticos demais.
Queridos demais.
Me cansa a bondade dos gordos.
A preguiça dos gordos.
Sou empurrado para o banco de

trás.

.

Hoje o meu dia foi um bosta.
Definitivamente, não foi o meu dia.
Não que tenha sido ruim, mas foi idêntico aos demais.
Exatamente igual.
Todo o dia é igual ao outro, salvo quando somos assaltados.
Um dia monótono.
O que fiz é o que faço sempre.
Sem novidade alguma.
E um dia pra ser bom tem que ter novidade.
Foi um dia de planilha e processos judiciais.
Café e duas cagadas.
Como é bom cagar remuneradamente.
Os trabalhadores precisam ter ao menos o direito de
cagar.

.

Pelo menos no escritório em que eu trabalho também trabalha Carlinha.
Uma lindeza.
É a única coisa que me anima naquele lugar.
Só de vê-la pra lá e pra cá.
Ela vai sempre com uma calça jeans apertada.
Tem um rebolado milimétrico.
Sem grandes estripulias.
Mesmo assim é um rebolado.
Usa blusas que mostram parte da barriga.
Parte dos seios.
Parte dos braços.
Parte de tudo.
Mas tenho o máximo respeito.
A ela e à minha
mulher.

.

Carlinha é a estagiária do escritório.
Há dois anos.
Tem uma bunda...
E é gente fina pra caramba.
Tirando a Carlinha, tudo lá é uma merda.

Eu não gosto.
Mas inconscientemente, devo gostar.
Porque fazem sete anos que trabalho naquela espelunca.
Sete anos é uma vida.
Num escritório de advocacia.
Num dos prédios mais modernos da cidade.
De gente metida à importante.
Mas que são exploradores.
Predadores.
Imundos.
Devem pra Deus e o mundo.
Pagam mal os funcionários.
Boçais.
.
Os donos do escritório se chamam Lázaro e Vicenza.
Formam um casal.
Ele está sempre de terno e gravata.
Ela, de salto alto.
Todos os dias, haja o que houver.
Me irrita o barulho do salto.
Me irrito com o nó da gravata.
Para que gravata?
É brega.
Dá uma trabalheira da porra.
E não serve pra nada.
E para que salto alto?
E fino?
Eles mal me olham quando estão no escritório.
Apenas quando precisam me pedir alguma
coisa.
.
Eu sei todos os podres dos dois.
As mentiras.
As falcatruas.
Ela tem um amante que a come dia sim.
Dia não.
Mais novo.
Vinte e oito anos.

Ela cinquentinha.
Tô ligado no corre
deles.
.

Lázaro e Vicenza são ricos.
Frequentam a maçonaria.
Mas me deram emprego quando eu me formei.
Não tá fácil ser advogado.
Tem muitos.
Hoje em dia todo mundo é advogado.
E administrador de empresas.
Há cursos até à distância.
Como há muitos, a maioria dos formados está desempregada.
O mercado não absorve.
E são justamente eles os grandes defensores do capitalismo.
O desemprego tá batendo os vinte por cento.
É advogado fazendo Uber.
Advogado morando na rua.
Passando fome.
E não só advogado.
Arquiteto, engenheiro…
Estão todos fodidos.
Salvo se forem da maçonaria.
E eu odeio os
maçons.
.

O assaltante está sentado comigo no banco de trás do carro.
Pega o meu braço com força.
- Caralho! Tu tá me vendando, porra? – grito.
Me desespero.
Ele manda eu calar a boca.
O motorista dirige.
Ele tapa meus olhos.
Com um pano.
Não consigo ver nada.
O assaltante é violento.
Começo a gritar.
Na esperança de ser ouvido lá fora.

Doce ilusão.
Estou desesperado.
Os vidros do carro estão fechados.
O ar condicionado congela.
Lá fora faz mais de quarenta graus.
Sensação térmica de setenta e seis.
Vi na TV que esse é o verão mais quente dos últimos anos.
Sei
lá.
.
Hoje, durante o expediente, analisei vinte e nove processos criminais.
Antes de estar aqui, assaltado.
Vinte e nove significa muito trabalho.
Eu penso sem parar em processos judiciais.
Faço só isso o dia
todo.
.
É processo contra caloteiro, bicheiro e ladrão.
Assassino e michê.
Contra prostituta, professor, revendedor de carro e traficante.
Processo até contra padre.
Quem não paga pensão.
Só gente que não vale nada.
Pra muitos, valem ouro.
Nisso tudo, rola dinheiro à revelia.
Compra de juízes, testemunhas, promotores e o escambau.
No Brasil, tudo se compra.
Só quem se fode é o pobre.
O dinheiro é o passaporte para o inferno.
Ou para a Europa.
Lázaro e Vicenza vão para a Europa duas vezes por ano.
Eu nunca
fui.
.
- Acelera esse carro, porra - diz o assaltante do banco de trás.
- Calma Joel, tu tá se passando - retruca o motorista.
Joel.
E isso é nome de sequestrador?

Joel é nome de tiozão.
De bombeiro.
Nome de quem apaga incêndio.
Essencial na sociedade.
Pena que quando apagam, já não sobrou nada.
Tarde demais.
Nunca vi bombeiro salvar alguma coisa de incêndio.
Só em filmes.
Americanos.
Eles sempre saem do incêndio com uma criança nos braços.
.
Sempre presto atenção em nomes próprios.
É um toque que tenho desde criança.
Nome de pessoas.
Lugares.
E Joel não me soa bem.
Nem pra bombeiro.
Sentido, sargento Joel – penso.
Lembro do sargento Pincel.
Lembro dos *Trapalhões* enquanto sou assaltado.
Didi Mocó, Dedé.
Eu gostava do Zacarias.
E do Muçum.
Foram os primeiros a morrer.
E os únicos.
A voz do motorista é fina.
Não muito, mas fina.
Uma voz doce.
Sotaque porto-alegrense.
Voz de quem é gente
boa.
.
Estou sendo sequestrado, penso imediatamente.
Meu Deus.
Sequestrado?
Vão me matar.
Certo que vão me matar.

Tremo.
A maioria dos sequestros acaba em morte.
Grito mais alto.
Agora com medo.
Estou com muito medo.
Medo é um tipo de ansiedade porra nenhuma.
Ser assaltado, ok.
Aqui em Porto Alegre todo mundo é assaltado.
Estamos acostumados.
Agora, sequestro é outro patamar.
Mais punk.
Mais arriscado.
A arma está encostada nas minhas costelas.
Doendo.
Puta que pariu.
Mas sequestrar a mim?
Eu sou um chinelo.
Um pé rapado.
Não tenho dinheiro pra nada.
Nem pra viajar.
Pra ter ideia, nunca fui à Gramado, que é a Europa do porto-alegrense emergente.
Mesmo assim eu odeio Gramado.
Aquela gente desfilando como se estivesse em Paris.
Nunca estive em Paris.
Mas pelo que vejo na TV é assim.
Devo ser um
recalcado.
.
Meu salário é três mil no escritório.
Mais plano de saúde.
Unimed *plus*.
Eu pago trinta por cento por ele, a empresa acerta o restante.
Trinta por cento dá trezentos e doze reais.
No mês.
Em Porto Alegre três mil mal paga o aluguel.
Recebo mais quatrocentos e vinte de vale alimentação.
A alimentação me pagam por fora.

Para não declararem imposto.
Sonegadores.
Nunca precisei usar o plano de saúde.
Até quando fiz a vacina fui no postinho.
Serviço público.
Por sinal, ótimo.
Fui no posto Modelo, na avenida João Pessoa.
Mesmo assim, pago o maldito plano.
Dizem que é melhor prevenir.
Pago mais mil reais por ano no seguro do carro.
Também é melhor prevenir,
dizem.
.

Sinto o meu coração bater na garganta.
Essa semana despachei um processo envolvendo homicídio de gente importante.
De um traficante conhecido na cidade.
O traficante Xandô.
Foi morto pelo inimigo.
O também traficante Marquito.
Apareceu na RBS TV e saiu na Zero Hora.
Eles eram amigos.
Viraram inimigos.
Por causa de mulher.
Muita coisa envolvida.
Poder.
Dinheiro.
Informação.
Essa pode ser a causa desse meu sequestro.
Vingança.
Essas facções mandam em Porto Alegre.
Só não mandam mais que a
maçonaria.
.

Meu corpo se agita.
Não tenho mais controle sobre mim.
Dou socos e chutes.
Acerto Joel.

Ele parece bravo.
Fiz merda com esse chute.
Preciso ser mais educado.
Mas não consigo.
Eu faço merda em situações difíceis.
Estou nervoso.
Culpa do meu signo.
Sagitário.
Ascendente em peixes.
Atrapalhado.
Ele me amordaça.
Coloca um pano na minha boca.
Usa a força para me conter.
- Meu Deus, Joel. O que tu tá fazendo, cara? - grita o motorista.
- Cala a boca, Tunico. Dirige e cala a tua boca - esbraveja o sequestrador do banco de
trás.
.
O sequestrador do banco de trás.
Dá nome de filme.
Seção da tarde.
Na Globo.
Pena que o sequestrado sou eu.
Aí o filme perde totalmente a
graça.
.
O trânsito parece engarrafado.
Tá tudo parado.
Não vejo nada.
Também, são cinco e meia da tarde.
Nesse horário deve ter mais de quinhentos mil carros andando na cidade.
Tranca tudo.
Principalmente quando chove.
O trânsito em Porto Alegre é uma merda.
Intransitável.
Tudo em Porto Alegre é uma merda.
Tento me acalmar.

Não consigo.
Eles vão me matar.
Estou desesperado.
Me agito.
É mais forte do que eu.
Grito, mesmo com esse pano na boca.
Ninguém me
ouve.
.

Porra, estou sendo sequestrado logo hoje.
No dia do meu aniversário.
Quarenta anos.
Ninguém no escritório falou nada sobre o meu aniversário.
Nem um bolinho surpresa.
Eu não ia comemorar.
Quem sabe beber uma cerveja com Antônia.
Ficar em casa.
Brincar com Francisco.
Coisas de pai.
Francisco é meu filho.
Tem oito anos.
O tempo passa rápido.
Tô velho.
Cheio de pés de galinha.
Já sofri por isso.
Agora, foda-se.
Eu e Antônia estamos juntos há doze anos.
Ela é foda pra caralho.
Inteligente.
Bonita.
Sagaz.
Mas nos últimos anos, sei lá.
Não que tenhamos perdido o encanto um pelo outro.
Mas sei lá.
Sei lá, sei lá.
Fico
nessas.
.

- Se tu não parar nós vamos te matar, filho da puta - grita Joel.
Como assim me matar?
E filho da puta é tu – penso.
Estou vivendo aquela fração de segundos antes da morte.
Tudo para.
Se passaram dez anos.
E não foi nem dez segundos.
Senti isso quando um avião da *Web Jet* quase caiu.
Eu estava dentro.
Turbulência.
Passageiras rezando.
Estava voltando do Rio de Janeiro.
O ano era dois mil e doze.
Foi a única viagem que fiz de avião.
Paga pelo escritório.
A única e achei que o avião fosse cair.
Sou mesmo um azarado.
O trem de pouso não descia.
Foi horrível.
Ninguém quer morrer.
Salvo os
suicidas.

Vão me levar pra Vila Dique – penso.
Não falaram, mas imagino que sim.
Sempre tive medo da Vila Dique.
Vão me matar.
Me queimar numa armação de pneus.
E depois beber cerveja gelada num boteco qualquer.
Tipo o Bope.
Aquele filme com Wagner Moura.
Pode ser que queiram enfiar um cabo de vassoura na minha bunda.
Meu deus.
Mas eu não tenho nada a confessar.
Salvo o processo dos traficantes.
É sigiloso.
Secreto.
Mas se precisar, conto tudo.

Delato sem parcimônia.
No dia em que eu completaria quarenta anos.
Vou virar outro filme.
Policial.
Vai se chamar *Um morto aos quarenta*.
Um morto muito louco.
Literalmente.
.
Penso no meu filho, na minha mulher.
Penso na minha mãe.
Agora estão chamando minha mãe de puta.
Logo a minha mãe.
A gente sempre pensa em alguém quando chega perto do inferno.
Nos tornamos saudosistas.
Até religiosos viramos.
Penso na vida.
Monótona, eu sei.
Prometo pra mim mesmo que nunca mais vou reclamar.
Aliás, minha vida é ótima.
Tenho amigos.
Mas isso a gente só dá valor em situações como essa.
De quase morte.
Grito.
Começo a chorar.
Vão me matar.
Sinto um líquido quente escorrer pelas pernas.
Estou mijado.
E todo cagado.
De medo.
Perdi o controle dos meus esfíncteres.
Tenho dois.
Eles se foram.
Estou humilhado.
Constrangido.
Não consigo parar de chorar.
Sequestro é muito pra mim.
Perdi as forças.
O carro segue.

Ora em movimento, ora parado.
.
Eles parecem nervosos.
É sempre perigoso quando o bandido fica nervoso.
Mais fácil pra matar.
Bandido nervoso treme com o revólver na mão.
No gatilho, o dedo fica sensível.
Também deve estar com o nariz nervoso.
Cocaína.
É recomendável que sejamos assaltados por profissionais experientes.
E que não usem drogas.
Outra dica *coach*.
Malditos *coachs*.
Deve ser um revólver trinta e oito encostado em mim.
Cano longo.
Gelado.
- Anda com esse carro, Tunico – grita Joel.
- Só se eu voar. Tá tudo parado. Não tá vendo, porra? - responde o motorista.
.
Já deve fazer mais de uma hora que estou nessa situação.
Lembro do sequestro do ônibus no Rio de Janeiro.
Um sete quatro.
Negociações.
Ao vivo na Globo.
Eu tinha vinte e poucos anos.
Vendo aquilo.
É por isso que somos traumatizados.
A violência no Brasil é o álibi do lucro.
É comércio.
Diversão.
No fim, deram um tiro no cara.
Estouraram a cabeça dele.
Ao vivo.
Essa história até virou filme.
Ganham dinheiro com tragédia.
Não vejo vantagem em sequestros.

O sequestrador sempre se ferra.
A vítima
também.
.

O carro para.
Pelos gritos, imagino uma manifestação de professores.
Não consigo ver.
Meus olhos estão vendados.
Parece ser no colégio Julinho.
Há apitos e gritos.
Deve ser o sindicato dos professores do Rio Grande do Sul.
Eles vivem de protesto.
Professores com bandeiras.
Em greve.
O transito parado.
Eu, sequestrado.
O governador do estado ferrou a educação.
Parcelou o salário.
Os professores já ganham uma merreca.
Agora é merreca parcelada.
Pra aguentar adolescente idiota.
Mas os professores foram contrários ao governo do Tarso Genro.
Lembro bem.
Pediram pra levar.
Na real, se foderam.
Eu também me fodi.
Sei que me
fodi.
.

Choro copiosamente.
Estou desesperado.
Quero meu filho.
Penso em Carlinha.
Aquela bunda...
Quero Antônia.
Estamos chegando, diz o motorista.
Estou vestindo calça jeans e camisa social.
A essa hora deve haver merda até no meu pescoço.

Quero vomitar.
Vomito.
Uma sensação horrível toma conta de mim.
Vou morrer.
Porto Alegre tá mesmo violenta.
Não sei onde estou.
Desço do carro.
Estou vendado.
Com um pano amarrado na boca.
Agora os assaltantes estão mais sutis.
Até riem.
Parecem pessoas boas.
Há muito barulho de carro.
Buzinas.
Risadas.
Vozes.
Tiram minhas vendas.
Dos olhos e da boca.
É dia, quase noite.
Ainda não consigo enxergar.
Minha visão está embaralhada.
Leio a placa *Bar Pedrine*.
Olho para a frente.
Estou na rua Lima e Silva.
Conheço bem a região.
Bares e mendigos.
Cheiro de mijo.
Cheiro de merda.
Esse cheiro pode ser meu.
Antes era dos mendigos.
Virei um mendigo.
As pessoas gritam: *Surpresa*!
São muitas.
Minhas vistas começam a desembaçar.
Todo mundo me olha.
Conheço aquelas pessoas.
Choro de soluçar.
É Antônia.

Professor Geraldo.
Lucas.
Juninho.
Lázaro e Vicenza.
Terno e salto alto.
Francisco, meu filho.
Algumas fazem cara de espanto.
As pessoas estão arrumadas.
Maquiadas.
Cheirosas.
E eu naquele estado.
Algumas se espantam ao me ver.
Estão com um riso sem jeito.
Me sinto numa lata de lixo.
O bom do lixo é o que está no
fundo.
.
De sequestrado, estou na minha festa de aniversário.
Surpresa.
Mijado e cagado.
Minhas vistas ficam cada vez mais escuras.
Acho que vou desmaiar.
Tom e Foguinho gargalham.
São meus amigos.
Apontam o dedo pra mim.
São mesmo uns filhos da puta.
Sinto uma sensação estranha.
Um calor por dentro.
Agora estou com frio.
Minhas vistas escurecem.
Tô sem força.
Sinto que vou
morrer.
.
E morri.
Na verdade, desmaiei.
Convulsionei.
E enlouqueci.

Síndrome do Pânico.
Esquizofrenia.
Paranoia.
Transtorno de personalidade.
Quatro doenças.
Causadas por esse trauma.
Quatro diagnósticos.
Estou no CID-10.
O CID-10 está em mim.
Página três cinco sete.
O pesadelo estava só começando.
Depois desse susto, o mundo me vomitou.

Segundo capítulo

Hoje completou trinta e sete dias desde o sequestro.
Pseudo-sequestro.
E sigo hospitalizado.
Tom e Foguinho acabaram com a minha vida.
Ou melhor, com aquela vida que levava.
Tudo vinha nos conformes.
Depois de uma infância sofrida, as coisas estavam se ajeitando.
Emprego.
Esposa.
Filho.
Havia me mudado de um apartamento para uma casa maior.
Tinha um carrinho mil.
Econômico.
A vida de um bom brasileiro.
Nunca estive tão bem.
Mas o Tom e o Foguinho destruíram tudo com a maldita ideia de me sequestrar.
.
Os dois são meus amigos desde que tínhamos 10 anos.
Amigos do mesmo bairro.
Da pobreza.
Do interior do Rio Grande do Sul.
Tom sempre foi asqueroso.
Bebe o dia inteiro.
A única coisa que sabe fazer.
E falar de mulher.
E de futebol.

Nunca trabalhou.
Mas é amigo de fé.
Pra tudo.
São trinta anos que o conheço.
Veio do interior para Porto Alegre antes de mim.
Mora no Menino Deus, com o dinheiro que a avó patrocina.
.

O Foguinho é mais comedido.
Foguinho é apelido.
Óbvio que é apelido.
Porque é preto.
E na época da novela Cobras e Lagarto, que passava na Globo, ele coloriu o cabelo.
Igual ao personagem do Lázaro Ramos.
O apelido pegou.
Mas o nome verdadeiro é Tenório.
Porra, que pai registra o filho com o nome *Tenório*?
Não deve haver amor.
Foguinho era comunista.
Estudou Serviço Social.
Mas virou coxinha.
Direitoso.
É tenente do exército.
Um comunista no quartel.
Esse Brasil está realmente virado.
Veio para Porto Alegre não faz muito tempo.
É outro que bebe o dia inteiro.
.

Quiseram fazer uma surpresa.
De aniversário.
Contrataram Joel e Tunico, amigos do Tom, para simular meu sequestro.
Me dar um susto.
A ideia era me raptar na saída do escritório.
Ninguém merece ser sequestrado depois do trabalho.
Você se ferra o dia inteiro e depois te sequestram.
Se é pra sequestrar, que seja pela manhã.

Antes do
trabalho.
.
O relógio tinha batido cinco horas da tarde.
Espera-se o dia todo pra chegar nesse horário.
É o ápice do pobre.
E do trabalhador.
Eu não acredito no bordão *eu gosto de trabalhar*.
Quem fala isso é maluco.
Devemos gostar de praia e de cerveja.
De poesia.
Não de trabalhar.
Trabalhar é vender o próprio tempo.
O corpo.
E alguém sempre lucra.
Quem gosta de trabalhar devia receber atestado de alienação.
É provável que o alienado pendure o atestado na parede da sala.
De tão alienado.
Vendemos o que temos de
valor.
.
No dia do sequestro, peguei o elevador com Carlinha.
Sete de fevereiro.
Ela falava sem parar.
Descemos nove andares.
Estava feliz.
Olhos castanhos.
Me contava sobre a faculdade.
Que gostava do curso de direito.
E que naquele dia teriam uma festa.
Rave.
Três dias de balada.
Chegamos no térreo.
Nos despedimos com um abraço apertado.
Demorado.
Era a nossa despedida.
Sorri.
A vida pode ser boa,

pensei.

.

O sequestro era para me levar ao *Bar Pedrine*.
Um lugar conhecido na Cidade Baixa.
Estariam lá alguns amigos para a festa surpresa.
De quarenta anos.
Não é todo dia que se faz quarenta.
Aliás, é apenas um dia na vida que se faz quarenta.
Eu nunca gostei de aniversário.
Nem do meu, nem de ninguém.
Muito menos de criança.
Que todo mundo gosta.
Sou estranho.
Por isso, organizaram uma comemoração.
Pra não passar em branco.
Que grata
surpresa.

.

A Cidade Baixa é meu lugar preferido em Porto Alegre.
Os porto-alegrenses chamam de *CB*.
CB virou gíria de porto-alegrense.
É um bairro de boêmios.
Não que eu seja boêmio.
Pelo contrário.
Ando velho e durmo cedo.
Mas me seduz aquele lugar.
Bebida barata, sujeira.
Tem uma pegada universitária.
Da vida como ela é.
Tem o Bar Opinião, o Insano e o Guion Center.
O Casa de Praia, o Van Gogh e o Durty Old Men.
Mil vezes a *CB* do que aquela playboyzada da Padre Chagas.

.

Era pra ser um sequestrinho.
De mentira.
Rápido.
Menos de dez minutos.

Porque eu trabalhava perto da *Redenção*.
Consequentemente, próximo ao *Pedrine*.
Trampava no prédio *Edel Trade Center*.
O plano era só dar a volta no quarteirão comigo "sequestrado".
Uma brincadeira boba.
Zoação.
Já sairiam na rua João Alfredo, República e depois na Lima e Silva.
Sem violência.
Mas o Joel ficou nervoso.
É agressivo por natureza.
E o trânsito não ajudou.
Eu também não colaborei.
Fiquei desesperado.
Joel trabalhou a vida inteira como segurança.
Faz jiu-jitsu e musculação.
É do tipo forte e gordo.
Vive armado.
Um revólver trinta e oito no porta-luvas do carro.
Mas nunca matou ninguém.
Dizem.
E eu sou medroso pra caramba.
Nunca estive em uma briga.
Quiçá num sequestro.
Uma vez, na escola, um amigo me deu um soco.
Na boca.
Não reagi.
Não consegui reagir.
Quando dei por mim, estava no chão, deitado.
Não tive nem tempo para reagir.
Levei a mão à boca.
Tinha sangue.
Os colegas me olhando.
Rindo.
Gritando.
Eu tinha dez anos.
A professora não fez nada.
Chorei.
Quase desmaiei.

De vergonha.
Tenho pânico de sentir vergonha até hoje.
Pifo.
Nunca havia sido sequer assaltado.
Isso que moro em Porto Alegre há muitos anos.
Parece que vivo aqui desde sempre.
Nessa babilônia.
Carros, asfalto, violência.
Mas Porto Alegre tem muita atração cultural.
E isso me impressiona.
Faz eu amar Porto Alegre.
Mesmo sendo governado por esse prefeito.
Um prefeito de merda.
Fora essa maçonaria podre.
E isso fode com tudo.
Pensando bem, eu odeio Porto
Alegre.
.

Os demais convidados da festa não sabiam dessa filha-da-putice.
Sabiam que eu desconhecia o encontro.
Que seria surpresa.
Mas não sabiam do sequestro.
Nem Antônia.
Ficaram com pena de mim.
O aniversariante cagado e mijado.
Vomitado.
Humilhado.
Aterrorizado.
O medo nos mobiliza.
O terror nos
paralisa.
.

Acordei aqui.
Dois dias depois.
Nesse maldito hospital.
Hoje fazem trinta e sete dias que estou assim.
Os médicos não sabem o que tenho.
Estou medicado.

Segundo o plantonista, tive um mal súbito.
E convulsões.
Uma atrás da outra.
Não parava de convulsionar.
Ocasionada pela situação traumática.
Tudo intenso.
Um dano na minha
psiquê.
.

- Esse quadro é normal quando sentimos medo - disse o psiquiatra.
Normal?
Os médicos nem sabem o que é normal.
Nunca foram sequestrados pra saber.
Eu fui.
Fui pseudo-sequestrado.
Eles também não convulsionaram.
Eu já.
Não recomendo.
Pra ninguém.
Nem pro meu pior inimigo.
Embora eu não os tenha.
Não que eu saiba.
Agrado gregos e troianos.
Sou boa praça.
Com tudo e todos.
E agora esse médico de bosta vem dizer que é normal.
Ah
para!
.

No dia nove de fevereiro, acordei sem saber onde estava.
Acordei só dois dias depois do sequestro.
Era quatro da tarde.
Disseram que eu estava no hospital.
Não lembrava de nada.
Reconheci minha esposa.
Ela estava sentada ao meu lado quando abri os olhos.
Apenas ela.
Me olhava com o olhar de uma mãe.

Com pena.
Tive náusea.
Mas não vomitei.
Morro de medo de hospital.
Tudo muito branco.
Sofrido.
Eu estava com um cano no nariz.
Outro no tico.
Mijava por sonda.
Defecava nas fraudas.
Um soro corria em minha veia do braço esquerdo.
Gota após gota.
Lentamente.
Num frasco pendurado num gancho acima da minha cabeça.
Com remédio.
Psicotrópico.
Um apito de tempo em tempo ecoava.
Numa cama ao lado, outro maluco.
Esse sim parecia maluco.
Estava com os braços e as pernas amarradas.
Gritava sem parar.
Contido.
Eu estava internado na ala psiquiátrica do Hospital de Clínicas.
Ala psiquiátrica é assim.
Cada louco na sua
loucura.
.
- Como tu estás, meu amor? - perguntou Antônia.
Não respondi.
Fechei os olhos.
Como será que estou?
Isso é pergunta que se
faça?

Terceiro capítulo

Sempre fui uma pessoa tímida.
Sou o caçula de uma família pequena.
Éramos em três irmãos.
Um morreu.
Morreu de leucemia.
Se chamava Paulo.
Eu não o conheci.
Era muito pequeno.
Adquiri muito medo de ter leucemia.
Embora fulminante, a morte do meu irmão foi sofrida à família.
Especialmente à minha mãe.
Eu era criança, mas ainda lembro da dor dela.
Pode ser que tenhamos herdado o cromossomo *Filadélfia*, disseram no hospital.
Da família do meu pai, que nos abandonou quando éramos pequenos.
Depois ele reapareceu.
Logo morreu.
Sobrou eu e outro irmão, que não vejo há 10 anos.
Ele mora em Caxias do Sul.
E se chama
Pedro.
.
Tenho medo de tudo.
De hospital, de sangue.
Tenho medo até de gente.
Mas de gente que eu não conheço.
Os que conheço, amo.

Amo meus amigos.
Tenho muitos.
De todo o jeito.
Evangélico e ateu.
De direita e de esquerda.
Puto e
puta.
.
Quase sempre, as pessoas gostam muito de mim.
Sou de fácil traquejo.
Sempre sorrindo.
Pareço otimista.
Mas é ilusão de quem não me conhece.
Não sei se isso é bom.
Pode parecer que eu seja uma pessoa falsa.
Mas não.
Sou verdadeiro em
demasia.
.
Ao longo da vida, consegui quase tudo que almejei.
Me formei na faculdade.
Casei.
Tive filho.
Nasci pobre mas venci.
Clichêzão.
Mas é verdade.
Trabalhei desde cedo.
Ajudava em casa.
Tinha pena da minha mãe, tadinha.
Trabalhava como empregada doméstica em casas de madames.
Sempre sozinha.
Triste.
Nunca entendi o que acontecia com ela.
Mesmo inteligente, não conseguia trabalho que não fosse como diarista.
Era craque em palavra cruzada.
E em matemática.
Bonita e forte.
Nunca teve sorte com namorados.

Deve ser trauma.
Era década de noventa.
Os homens daquela época eram uns trastes.
Os de agora também
são.
.
Em casa, tínhamos poucos cobertores pra dormir.
E o inverno não aliviava.
Éramos pobres e morávamos no interior do estado.
Rio Grande do Sul.
Àquela época fazia muito frio.
Geava e os campos amanheciam tomados de um branco que parecia neve.
Minha mãe chorava nos vendo passar frio.
Eu dormia com um cobertor fino
Meu irmão com outro.
Eu em cima e ele embaixo, no beliche.
Também desejávamos comer presunto e queijo.
Era um desejo de criança.
O máximo que entrava em casa era mortadela.
Quando muito.
Sonhava comer junto ao pão caseiro que minha própria mãe assava.
.
Dona Elena, minha mãe, morreu de tristeza.
Depois da morte de Paulo, seu filho.
Mas ela morreu sorrindo.
Um paradoxo.
Enfartou.
A veia cava entupiu todinha, disse o médico.
- Sabe uma mangueira d'água? – ele perguntou.
É como se essa mangueira dobrasse e o líquido não passasse.
O líquido é o sangue.
Entope.
O corpo humano é mesmo entupido.
Quando tira pra falhar...
O médico me explicou assim.
Estávamos no corredor do hospital.

- Tua mãe está morta. – disse.
Frio.
Deu a notícia em menos de minuto.
Virou às costas e se foi.
Rindo com a estagiária.
Eu fiquei ali, na porta da UTI.
Não consegui chorar.
Eu era adolescente e acabara de perder a mãe.
Não tinha mais ninguém.
E precisava cuidar do meu
irmão.
.

Alguns anos depois, me mudei pra Porto Alegre.
Não tinha mais nada pra fazer no interior.
Fui tentar a vida.
Todo jovem do interior sonha em tentar a vida na cidade grande.
Se ficasse lá, passaria a vida trabalhando em
supermercado.
.

Porto Alegre tem um milhão e meio de pessoas.
É gente pra caramba.
De todo o tipo.
Quando cheguei na cidade, tive certeza que Porto Alegre era meu lugar.
E era.
Eu tinha dezenove anos.
Logo comecei a trabalhar na Xerox da PUC.
Era a primeira vez que tinha entrado em uma Universidade.
Parecia um *shopping*.
Conheci uma pá de gente.
Fiz bons amigos.
O Ricardinho, o Cabexa, a Manu e a Helô.
Jogava futebol sete toda a quarta-feira, em um campo no pátio do hospital São Lucas.
Em frente ao meu trabalho.
Ia em churrascos nos finais de semana.
Me enturmei rápido.
A maioria dos meus amigos era estudante e professor da PUC.
Eu estava no auge da vida.

Não era bonito e nem feio.
Mas havia melhorado com o tempo.
Em Porto Alegre aprendi a me vestir bem.
Melhorei o corte de cabelo.
Me matriculei em uma academia.
E estava mais malandro.
Mais vivido.
Isso dá um charme.
Mas sempre sem dinheiro.
Duro.
Frequentava lugares que meus amigos pagavam.
Não ajudava com um tostão no churrasco.
Nem no futebol.
E nas festas eu ficava cuspindo pelos cantos.
Ou tomava uma bebida ou outra paga por pessoas próximas.
Mas foda-se, meus amigos tinham grana pra caralho.
Eram filhinhos de papai da PUC.
E os filhinhos de papai gostavam de
mim.
.
Com o salário que eu ganhava na época, mal dava pra viver.
Eu era um migrante.
Um retirante.
Não ter dinheiro sempre foi o meu carma.
Mas tudo ia bem.
Melhor que a vidinha do interior.
O interior me parecia triste.
Cinza.
E eu estava fascinado por Porto Alegre.
A cantora Izabela Fogaça tinha razão.
A canção dela dizia que *Porto Alegre tem um jeito legal*.
Que *é* lá que as gurias, etecetera e tal.
Tocava na *Itapema*.
E eu escutava rádio o dia inteiro.
Todos os dias.
No radinho da Xerox ou nos fones de ouvido.
Todo bom porto-alegrense vive com fones de ouvido.
Também tinha muita mulher bonita em Porto Alegre.

Mulher bonita na PUC.
Eu estava seduzido pelo *etecetera e tal*.
Vivia dentro da música da Izabela Fogaça.
Literalmente.
O ano era
mil novecentos e noventa e cinco.

Mesmo trabalhando em uma universidade, nunca havia pensado em estudar.
Ou melhor, seguir estudando.
Havia terminado o ensino médio.
Pra mim estava bom.
Lia muito.
Literatura pesada.
Bukowski, Leminski, Hemingway.
Comprava num sebo na Avenida Protásio Alves.
Esquina com a rua Mariante.
Perto do viaduto.
Cinco pila cada livro, dizia o cartaz da promoção.
Tradição da minha professora de literatura do ensino médio.
Amanda.
Na época, ela tinha vinte e sete anos.
Eu, quinze.
Era gente boa pra caramba.
Descolada.
Linda.
E inteligente.
Até demais pra uma cidade interiorana.
Ela andava sempre com livros.
Muitos.
Onde estivesse.
Na cantina, na sala de aula, no banheiro.
E aquilo me chamava a atenção.
Era uma mulher acompanhada pelos livros.
Tradição também do meu amigo Léo, que lia e escrevia sem parar.
Era um rapaz estranho.
Tímido.
Mas inteligente em

demasia.

.
Sempre gostei de literatura ácida, marginal, da rua.
Literatura suja.
Sem academicismo.
Não que não gostasse de realismo fantástico.
Claro que sim.
Curtia Borges e Cortázar.
Mas *Capão Pecado*, aquele livro do Ferréz, me abriu uma vala na cabeça.
Me fez pensar de maneira diferente.
Ver o que não via.
O *Cheiro do ralo* também.
Esse é do Mutarelli.
Depois que conheci Lourenço Mutarelli, pirei.
Achei foda demais.
Um escritor maldito.
Legítimo.
Alcoólatra.
Depressivo.
Com uma escrita certeira.
Ele e o Ferréz são dois monstros.
Malucos.
Que me influenciaram.
Não sei ao certo no que, mas influenciaram.
Eu era do interior mas conhecia a boa literatura.

.
Minha mãe dizia que meu pai era poeta.
Fiz disso um mito.
O mito do pai poeta.
Me fascinava.
Mas ela completava:
- Teu pai era poeta e bêbado.
Era o máximo que falava sobre ele.
A existência do meu pai sempre foi um assunto velado.
Falava isso sempre que eu lia as minhas poesias à ela.
Sim, eu escrevia poesias.
Desde muito cedo.

Comecei no colégio.
Uma escola pública.
Nessa época, também ouvia rap.
Vestia calças largas.
Com o elástico da cueca aparecendo.
Mas nada sério.
Essa fase não durou muito.
No começo, escrevia letras de rap.
Estava no ensino médio.
Ouvia RZO e Racionais.
Ouvir rap sempre foi revolucionário.
Escrever música também.
Mas ninguém me levava à sério.
Depois comecei a escrever versos, rimas.
Ainda com palavras e frases combinadas.
Rítmicas.
Escrevia sonetos.
Resquício da literatura barroca, dizia Amanda, minha professora.
Não mostrava meus escritos pra ninguém.
Só pra ela.
E apenas alguns textos.
A maioria eu guardava na gaveta.
Na época, não existia computador.
Muito menos celular.
Perdia muita coisa que escrevia.
Depois comecei a escrever poemas da realidade que enxergava.
Poesia que vinha do barro, do asfalto.
Das ruas.
Poesia que falava o que via.
Cara a cara com a pobreza.
Aquela gente pedindo dinheiro no sinal, morrendo de fome.
Esses eram os meus personagens.
Foi o jeito que encontrei pra colocar pra fora a minha indignação.
Há muitas pessoas morando na rua em Porto Alegre.
Abandonei as poesias melo-românticas.
Riminha pra cá, riminha pra lá.
Tem poeta que rima bola com escola.
E ganha dinheiro com isso.

Poeta-coach.
Eu nunca ganhei um real com a minha poesia.
Deve ser porque escrevo pra deixar de ser
triste.
.
Eu nunca havia pensado em seguir os estudos.
Mas o professor Geraldo me colocava pilha.
Que eu devia voltar a estudar.
Que eu era inteligente.
Que gostava de ler.
Me elogiava.
Poucas pessoas haviam me elogiado em toda a minha vida.
Na verdade, acho que nunca havia recebido nenhum.
Nem da minha mãe.
Ela não era afeita a agrados.
E como é prazeroso ouvir que somos inteligentes.
É o maior dos elogios.
Ele dizia que isso era meio caminho
andado.
.
Professor Geraldo era gente fina.
Uma figura hilária.
Ele era docente na PUC.
Andava de kart no kartódromo Olhos D'água.
Já tinha sido campeão estadual.
Saltava de paraquedas.
Andava de skate.
De long.
Era louco.
Um senhor na casa dos sessenta anos.
Tinha um corpo parrudo.
Bronzeado.
Usava brinco na orelha esquerda.
Eu gostava dele.
E ele de mim.
Ia todos os dias na Xerox e ficávamos lá, de papo furado.
Só ele falava.
Um palavratório cheio de gírias e teorias.

Gesticulava.
Fumava.
Eu o ouvia, atento.
Ele era professor de física, e dava aula em muitos cursos da universidade.
Conhecido por todos.
Fascinado pela galáxia.
Também estudava filosofia.
- Tá ligado que a imagem que vimos das estrelas é de 100 mil anos luz, né? - dizia ele. Somos o passado, meu
rapaz.
.

Eu ia pra casa pensando nas reflexões produzidas pelo professor Geraldo.
Cheio de orgulho da nossa amizade.
Com o tempo, a ideia de voltar aos estudos ganhou corpo.
Ficava me imaginando aluno.
Numa sala de aula.
Indo na Xerox que eu mesmo trabalhava.
Passei a não dormir de tanto que
pensava.
.

Alguns dias depois abriu um edital e consegui uma bolsa pra estudar.
Na própria PUC.
Setenta porcento de desconto na mensalidade.
Surreal.
Eu jamais passaria na universidade federal.
Na UFRGS só entra *playboy*.
Na UFCSPA também.
Quem tem grana pra estudar nos melhores cursinhos pré-vestibular.
No bairro Montserrat.
No Moinhos de Vento.
É para adultos jovens que comemoram a vida na Padre Chagas.
Usam bermuda branca e camisa
social.
.

É paradoxal e injusto o fato de que nas universidades públicas a maioria é rica.
E branca.
O Brasil é uma colônia.

Brasil-colônia.
Essa gente que é contrária justamente ao
Estado.
.

No interior, estudei sempre em colégio público.
Éramos pobres.
Sem dinheiro até para o ônibus.
Caminhava a pé quilômetros de distância todos os dias.
Mas nunca reprovei de ano.
Nem peguei exame.
Então, aqui, meu destino era seguir trabalhando na Xerox.
Ou em um supermercado.
Foi pra isso que vim pra Porto Alegre.
Um migrante na cidade grande.
Daria um verso.
E estava ótimo.
Pra gente como a gente, que vem do nada, o sarrafo é baixo.
Qualquer coisa serve.
Nos contentamos com pouco.
Às vezes, com nada.
Sobrevivente no inferno.
O inferno do verão de Porto Alegre.
Segui trabalhando para bancar os outros trinta por cento da mensalidade do curso.
Eu estava realizado.
Me transformei em universitário.
Da
PUC.
.

Com os estudos, o calo apertou.
Foi sufoco.
Trabalhava de dia e estudava à noite.
Não tinha dinheiro pra nada.
Ganhava um salário e meio.
Parei o futebolzinho da quarta e o churrasco do final de semana.
Mas Mercedez, a dona da Xerox, me ajudava.
Ela era magnífica.
É lindo se chamar Mercedez.

Que nome!
Ela era filha de uruguaios, mas havia nascido em Porto Alegre.
Era à altura do nome.
Podia ser Mercedez Sosa, a cantora
argentina.
.
Mercedez sempre me pagava à mais do que o combinado no final do mês.
Assinava minha carteira de trabalho.
Era uma mulher do bem.
E eu pagava aluguel de um quartinho num apê na vila Planetário.
E comia.
Me fodia nos finais de semana fazendo trabalho da faculdade.
Lendo sem parar.
Trabalhos da faculdade sem pé e nem cabeça.
Professor universitário se acha bom, mas é raso como pires.
A maioria dos professores nunca leu poesia.
Não conhecem música.
São incultos.
Medianos tecnicamente na área que escolheram atuar.
E só querem ferrar os
alunos.
.
Nessa época eu também fazia bicos como *barman* no Van Gogh.
Van Gogh é um bar da CB.
Que serve sopa.
E muitos baladeiros porto-alegrenses tomam sopa quando o dia amanhece.
Após beberem litros de vodka na madrugada.
Fumar quilos de maconha.
E cheirar carreiras e carreiras de pó, uma sopinha caía bem.
Para a moral.
Para o corpo.
Bem hidratados, tomavam o rumo para
casa.
.
Passei no vestibular, ganhei a bolsa de estudos e escolhi cursar Direito.
Queria fazer Escrita Criativa, mas isso não bota a mesa de ninguém.
Ninguém lê no Brasil.

Nem compra livro.
Ia seguir um morto de fome.
Escolhi Direito, mesmo à contragosto.
Conheço muito advogado imbecil.
Mas enfim, foi esse mesmo e minha vida deu um salto.
A universidade é a melhor estratégia de inclusão social.
E de pensamento crítico.
Mesmo não curtindo o meu curso.
Mesmo achando que o Direito tem muita teoria.
Inaplicável.
Metade daquilo que aprendia nunca ia precisar.
E não precisei.
Mas concluí.
Trabalhando na Xerox da PUC fiquei amigo até do Juremir Machado.
Ele era professor do curso de Comunicação Social.
E escrevia no jornal Correio do Povo.
Fiquei amigo de muita gente
interessante.
.
Aí conheci Antônia e foi uma tempestade.
Amor à primeira vista.
Mais um clichê.
Ela também estudava Direito na PUC.
Estava em fases mais adiantadas.
Quase se formando.
Fazia estágio no Fórum do Menino Deus.
Eu nunca a tinha a visto antes.
Ela também não me conhecia.
Eu estava no terceiro semestre.
Um pirralho.
Num primeiro momento pensei que se tratava de mais uma patricinha.
A PUC estava cheia de patricinhas que não queriam nada com caras como eu.
Os pais de Antônia eram alguma coisa do shopping Praia de Belas.
Sócios, talvez.
E ela namorava outro cara.
Descobri no *Orkut*.
O *Orkut* revelava as nossas melhores e piores faces.

Era tudo uma mentira.
Mas ok.
Dá uma ideia.
O cara parecia um abobado.
Rico.
Tinha foto do próprio carro.
Se fosse nos dias de hoje, teria foto no *crossfit*.
Botox na boca.
Era um cérebro de ervilha.
Certo que nunca leu Mutarelli.
Antônia, linda daquele jeito.
Hippie.
Com um mongolão.
Havia muita coisa
errada.
.
Antônia lia livros cults.
E pintava.
Tocava piano e fumava Malboro vermelho.
Era morena e levemente bronzeada.
E tatuada.
Demais pra mim.
Tinha vinte e oito anos.
Eu, vinte e quatro.
Me apaixonei quando a vi tocando violão.
Ela tocava lindamente.
E ao mesmo tempo fumava um cigarro.
Estávamos no bar Van Gogh.
Ela tinha a voz rouca.
Mas não muito.
Nós já havíamos saído algumas vezes.
Eu trabalhava de garçom e ela foi me ver.
Era ano dois mil.
Entrada do século vinte e um.
Madrugada.
Ela chegou com uma amiga.
Logo chegaram outras.
Estavam todas num canto escuro do bar, ao fundo.

Eu servia as mesas.
Era quatro e quinze da manhã.
Ela pegou um violão sabe-se lá de onde.
Sentada como estava, com as pernas cruzadas, tocou *Led Zepelin*.
Depois de uma longa introdução instrumental, cantou.
Stairway To Heaven.
Um hino.
O cigarro à tira colo, quase caindo da boca.
Depois dedilhou uma canção do *Pink Floyd*.
Time.
A fumaça lhe apagava o rosto.
Em meio à fumaça, ela sumia no espaço.
E eu estava sentenciado.
Sentenciado a viver completamente
apaixonado.
.
Mas a nossa história começou mesmo quando Antônia foi à Xerox.
Ela foi fazer uma cópia de um capítulo de livro.
Nunca havíamos nos visto.
Ela entrou na Xerox.
Pegou a ficha.
Esperou a sua vez.
E pediu.
Perguntei quantas cópias e ela duas.
Era um texto sobre 'O Direito à morte'.
Ela calçava um all star azul.
Ao entregar as cópias, perguntei se ela havia visto *Asas do desejo*.
Aquele filme primoroso do Wim Wenders, reforcei.
Ela disse que não.
- Nossa, é o filme da minha vida. - falei.
O anjo se apaixona por uma trapezista de circo.
Pra ficar com ela, ele vira humano.
Eu faria o mesmo.
Deve ser um saco ser anjo, expliquei.
- Com certeza vai gostar – falei.
Ela apenas agradeceu a
dica.
.

No dia seguinte, Antônia estava lá novamente.
A Xerox estava vazia.
Foi buscar um polígrafo da disciplina de direito penal.
Falamos de literatura.
Ela gostava de Rimbaud.
Eu de Ferreira Gullar.
Poetas tristes.
Como a vida.
Como a morte.
Antagônicos.
Somos feitos de antagonismos.
Pedi pra ser seu amigo no *Orkut*.
Ela aceitou, três dias depois.
Havia alguma forma de vida longe do
Orkut?
.
Antônia e eu nos falávamos todos os dias.
Depois de algumas delongas, tomei coragem e a convidei para um café.
- Sim, claro, vamos sim. - Ela disse.
Marcamos numa cafeteria do Bom Fim.
O Bom Fim é sempre um bom lugar para programas assim.
É cultural.
E ela parecia uma patricinha cult.
Pensei em convidá-la para um suco e um xis coração na Lancheria do Parque.
Ri sozinho ao pensar nesse absurdo.
Só um legítimo chinelo para ter o primeiro encontro num lugar assim.
A Lancheria do Parque é um bar onde todo mundo se mistura.
É democrático.
Intelectual e morador de rua.
Bandido e poeta.
Lotado de gente.
Cheiro de comida.
O dia todo.
Buffet sempre servido.
Eu adorava esse lugar.
Sempre ia.
Mas pegaria mal para um primeiro encontro.
Ou não.

Mas é melhor não arriscar.
Embora fosse mais coerente
comigo.
.
Pedi pra sair mais cedo do trabalho.
Meia hora antes.
- Por favor, Mercedez! Tenho um encontro. Prometo compensar te levando de madrinha.
Falei isso e beijei seu rosto, rindo.
Mercedez não gostou, mas liberou.
- De novo? - perguntou ela. Esse horário é quando tem mais movimento. E tu sabe
disso.
.
Peguei um ônibus da PUC até a avenida Oswaldo Aranha.
O T9.
Estava lotado.
Como sempre.
Fui em pé.
Desci na frente do Araújo Viana e caminhei até o café, na rua Fernandes Vieira.
Chovia em Porto Alegre e a tarde era cinza.
Escura.
Quando chove em Porto Alegre as ruas ficam alagadas.
O trânsito para.
E a vida fica mais dura.
Chovia cântaros aquele dia.
Pensei no Nei Lisboa.
Telhados de Paris deve ter sido composta no Bom Fim.
Com chuva.
Num dia como hoje.
E ele ainda mora por
aqui.
.
Cheguei no café encharcado.
Os tênis e as calças, dos joelhos para baixo, estavam ensopados.
Sujos de barro.
Limpei o que pude e entrei.

Com cara de assustado.
Antônia estava no café.
Sentada em uma mesa ao canto, lia a coluna do Mário Marcos na Zero Hora.
Ela tinha ido de carro.
Do ano.
Chegou sequinha.
E cheirosa.
A vi e acenei de longe.
Fui até à mesa sem pestanejar.
A abracei, desajeitado.
Falei que havia me molhado.
Que o ônibus estava lotado.
Que atrasou.
Mas que vinha pensando em Nei Lisboa.
- Tu já ouviu Telhados de Paris? - perguntei.
Antônia deu um sorriso leve e apenas gesticulou com a cabeça.
Puxei a cadeira e sentei.
Como assim nunca ouviu Telhados de Paris?, pensei.
Solicitei ao garçom um café.
Logo pedi outro.
Foram os melhores cafés da vida.
Falamos sem parar, nos olhando.
Ela riu quando eu fiz uma poesia, ali, de bate pronto, num papel.
Também fiz uma flor de guardanapo.
A presenteei.
Uma rosa, falei.
Ela me ofereceu uma carona e eu falei sim, quero sim.
Afinal, morava não muito longe dali.
Paguei nossas comandas.
Cinquenta e oito reais.
Pensei caralho, tô fodido.
Com essa, meu cheque especial bateu dois mil reais.
No vermelho.
Não parava de.
chover.
.
Eu morava num beco sem saída na vila Planetário.
O lugar era bom.

Era bairro Santana, perto da Redenção.
Mas no fundo do beco, impressionantemente, tinha um ponto de tráfico.
Pesado.
Um dos maiores da cidade.
Mas não era dominada pelos *Bala na Cara*.
Nem por rival algum.
O local era comandado por crackeiros que andavam pra lá e pra cá.
Empurravam carrinhos com pertences.
Milhares deles.
O dia todo.
Era uma crackolândia.
Na verdade, eram carrinhos de supermercado.
Barulhentos.
E nesses carrinhos alojavam coisas que iam recolhendo pelas ruas.
Eram catadores.
Porto Alegre está cheio de catadores.
Papelão, latinha, ferro, televisores…
Tudo o que encontram em uma cidade que joga muito lixo nas ruas.
Eles viviam do lixo descartado.
Vendiam restos para comprar crack.
Cinco reais a pedra.
Uma pancada.
Durava dois minutos.
É uma viagem maluca.
São várias ao dia.
Dormiam na rua.
A maioria era negra.
A maioria jovem.
O racismo e sua desumanidade.
E eu espiava tudo da janela de casa, três andares acima.
O apartamento onde morava.
Eles não me viam.
E eu fazia a minha própria
etnografia.
.
No beco em que eu morava, mal passava um carro.
De tão estreito.
E tinha pessoas por todos os lados.

Crianças e moradores de rua.
Motos e traficantes.
Quando estava muito angustiado com o que via da janela, eu fazia uma poesia.

.

Ao chegar na rua, Antônia não se amedrontou.
Falei que podia me deixar na esquina que eu iria andando.
- Nem pensar, te deixo na porta de casa – Ela disse.
A chuva não dava tréguas.
A rua naquele dia estava mais movimentada.
Ela foi desviando pessoa por pessoa.
Tirando um fino.
Das motos.
Dos carros.
Dirigia bem.
Estacionou.
Nos olhamos.
Era corajosa, pensei.
E linda.
Passei a mão no seu rosto.
Eu, que sempre fui desastrado com mulheres, estava me saindo bem.
Tirei seu cabelo pro lado e beijei sua boca, lentamente.
Um calor tomou conta de mim.
Estava prestes a explodir.
Depois do beijo, me despedi.
Desci do carro.
Não olhei pra trás.
A chuva não dava
tréguas.

.

Não a convidei pra subir.
Depois fiquei pensando se devia tê-la convidado.
Saí do carro seguro como nunca.
Já no apartamento, lembrei do namorado dela.
Que se foda,
pensei.

.

No outro dia Antônia estava novamente na Xerox.

E passamos a transar todos os dias, em pé, numa sala ali mesmo.
Durante o expediente.
Escondidos.
Ela me masturbava e me chupava com vontade, me olhando.
Logo eu estava dentro dela.
Por inteiro.
Nunca ninguém nos viu.
Ela terminou o namoro com o *playboy*.
Fomos morar juntos.
Eu estava perdidamente
apaixonado.

Quarto capítulo

Hoje não saí da cama.
Não senti vontade alguma.
Nada.
Nem de levantar.
Comer.
Nem de caminhar e mijar.
Ontem também não.
São dez horas da manhã.
Estou sozinho em casa.
Antônia foi trabalhar e Francisco está na escola.
Sinto um aperto no
peito.
.
Os medicamentos me destroem.
Me deixam sonolento de manhã e com insônia à noite.
O psiquiatra não acertou a dose.
Não preciso dessas merdas.
Quem diria.
Eu comia mamão e tomava limão com água morna no café da manhã.
Agora, haldol e diazepam.
Todos os dias.
Nunca mais me exercitei.
Emagreci.
Perdi massa muscular.
Estou só pele e osso.
Não consegui me alimentar no hospital.
Não comia nada.

E foram quarenta dias de internação.
Sem fome.
Odeio aquelas sopas.
Aquele
cheiro.

.

Antes do sequestro eu me exercitava.
Mesmo com a rotina apertada, sempre pratiquei esporte.
Nunca gostei de academia, mas corria na rua.
Quando eu morava no bairro Santana, caminhava até a Redenção.
Lá, corria dez voltas no parque.
Dez quilômetros.
Depois que casei e me mudei pra Zona Sul, passei a correr na rua.
Alongava antes e depois.
Todos os dias.
Estava bem fisicamente.
Aí veio o sequestro.
E a internação.
Agora falta só a camisa de força.
Se fosse há trinta anos, estaria num
manicômio.

.

Me viro de bruços na cama.
Tenho vontade de chorar.
De vomitar.
Pego no sono novamente.
Esse sequestro me destruiu.
Acordo e olho o relógio.
São onze e cinquenta.
Fazem quarenta e dois dias que estou assim.
Há dois dias em casa.
Vegetativo.
Sozinho.
Louco.
Os medicamentos me causam diarreia.
Deixam a minha boca mole.
Minha musculatura fraca.
Perdi o apetite.

Não sinto tristeza.
Nem alegria.
Não sinto nada.
Disseram no hospital que eu queria me matar.
Me suicidar.
Não lembro de nada.
Estou devastado.
Tudo por conta do sequestro.
Do susto.
Do trauma.
A vida não pode ser tão frágil.
Tão vulnerável.
Tão sensível.
Mas é.
Pra que viver se podemos morrer assim, repentinamente?
Ou enlouquecer do
nada.
.
Ouço um barulho na cozinha.
Batidas de panelas.
Provavelmente é Antônia.
Deve ter saído mais cedo do trabalho.
Antônia é professora de Direito na Universidade Federal.
Ela sempre foi inteligente.
Fala bem.
Articulada com as palavras.
Admiro quem possui boa dicção.
Pessoas de boa oratória.
Eu falo mal.
Mas escrevo bem.
Ela fala e escreve melhor que eu.
Era certo que seria uma mulher bem
sucedida.
.
Ela abre a porta do quarto.
Me olha com pena.
Não fala nada e sai.
Durmo de novo.

Acordo e já é uma e quarenta da tarde.
Olho para o teto.
Estou sozinho em casa.
Começo a contar quantos quadradinhos tem pintado no forro do teto.
Conto de dois em dois.
Dois, quatro, seis, oito, dez...
Mil trezentos e oitenta e dois.
Muita coisa.
Estou com vontade de mijar.
Vou ao banheiro e me olho no espelho.
Estou magro.
Raquítico.
Ergo o braço e forço o bíceps.
Nada.
Fazem quatro dias que não como.
Mijo com a porta aberta.
Azar, estou sozinho em casa.
Dizem que desenvolvi esquizofrenia paranoide.
Me deram um código.
CID F20.0.
Síndrome do pânico.
F41.1.

Não fui mais ao trabalho.
Estou encostado pelo INSS.
Um salário mínimo.
Novecentos e oitenta reais.
Por invalidez.
Aos quarenta anos.
Recém "comemorados".
Vou até a cozinha.
Abro a geladeira.
Não tenho fome.
Nem sede.
Estou só de cueca.
Uma cueca sem elástico.
Pego um pedaço de papel e uma caneta.
Escrevo:

*De toda a dor
enquanto houver amor
enlouqueço.*
.

A campainha toca.
É o rapaz dos Correios.
Abro a janela e olho para ele.
Não digo nada.
Fecho a janela.
Que se dane.
O governo vai privatizar os Correios.
Esse filho da puta deve ter queimado a bandeira do PT.
Igual à foto que viralizou.
Apoiaram o golpe na Dilma Rousseff.
Golpista.
Se privatizar, vai ser demitido.
Coitado.
A vida é muito dura, penso.
Sento no sofá e ligo a televisão.
Minha bandeira do Partido dos Trabalhadores está enrolada no canto da sala.
Queria atear ela na frente de casa.
Tenho medo de represálias.
A TV está na Globo News.
Michel Temer está destruindo o país.
Estão vendendo osso no supermercado.
A fome no mundo avança.
O desemprego, a inflação, o assassino, o tráfico...
AAAAAAAAA.
Grito.
Desligo a TV.
Pego no sono no sofá.
Acordo e já são quatro da tarde.
Está muito calor.
Suo.
Estamos em março.
Lembro do Francisco.
Meu filho.

O que deve estar fazendo agora?
Na escola.
Correndo pra lá e pra cá.
Criança é o que ainda presta na humanidade.
E prestam apenas enquanto são
crianças.

Quinto capítulo

Pra me dar a notícia da gravidez, Antônia colocou o resultado do exame numa caixa.
Naquela época, estávamos perdidamente apaixonados.
Era o laudo de um Beta HCG.
Pediu para o garçom do restaurante me entregar.
Tínhamos saído pra jantar.
O garçom era um sujeito baixo com cara de poucos amigos.
Antipático, mas esforçado.
Falou que a casa tinha um presente para o casal.
Me entregou uma caixinha.
Que porra é essa de presente para o casal?
Falei para Antônia abrir.
– Não, abre você. – Ela disse.
Abri e um papel dizia *Parabéns, papai*.
Primeiramente, não entendi.
Depois a ficha caiu e eu comecei a chorar.
Um choro soluçado.
Eu, pai.
Quem
diria.
.
A criança precisa ter um nome.
Todos nós precisamos de um nome.
Vai se chamar Gilberto.
Pâmela.
Iane.
Benício.

Não, vai ser Roberto.
Caralho, que mal gosto.
Me lembra o cantor Roberto Carlos.
O apoio à ditadura.
A sacanagem com Tim Maia.
Ou o jogador Roberto Carlos.
E suas coxas do tamanho de um tronco de árvore.
Francisco.
Chico.
Buarque.
Decidido.
Francisco.
Vai se chamar Francisco.
Vai ser poeta.
Tem nome de poeta.
Poeta igual ao pai.
Igual ao
avô.
.

Francisco veio ao mundo todo lindo.
Num dia magnífico.
Parto vaginal e Antônia estrebuchou-se gritando em dor.
Logo sorriu.
Eu quase desmaiei.
Já falei que tenho medo de tudo, né?
Mas de sangue tenho
pânico.
.

Francisco nasceu com quatro quilos.
Coitada da Antônia.
Sempre achei a gravidez a coisa mais bizarra do mundo.
O parto também.
Sair outra pessoa de dentro me parece estranho.
E sair só depois de nove meses.
Nove meses não são nove dias.
É assustador
pensar.
.

Na gravidez, Antônia já havia se formado.
Fizemos uma grande festa pra comemorar a formatura.
Um jantar com tudo do bom e do melhor.
Uma banda de rock tocou a noite toda.
Outra de reggae.
Dj, champagne e maconha.
A galera fumava lá fora.
Escondida.
Todo maconheiro vive às escondidas.
Eu estava terminando a faculdade.
Logo em seguida me formei.
Colação de gabinete.
Com um jantar na *Grelhatus* para poucos
amigos.
.
O Francisco nasceu.
Chorão e esfomeado.
Aos berros.
Foi sentar só com sete meses.
Depois de muito leite.
Era preguiçoso.
Mamava sem parar.
Os seios da Antônia rachados.
E ele não parava de mamar.
Ela chorava de dor.
E de amor.
Antônia não
dormia.
.
Eu também passava as madrugadas acordado.
Nanando e cantando musiquinhas que eu mesmo inventava.
Aprendi a dormir em pé.
A dormir caminhando.
A dormir sentado, no vaso sanitário.
A dormir de todos os jeitos.
Dormir se tornou um bem precioso.
Dormir era um ato político.
No meu caso, em

extinção.

.

Francisco foi crescendo.
Lindo e gordo.
Eu fotografava tudo.
Cada descoberta.
Cada som que fazia com a boca.
Cada sorriso.
Depois eu perdia as fotos.
A tecnologia fotográfica nem sempre contribui.
As fotos sumiam da galeria do meu celular.
Sumia como as poesias que lia para faze-lo
dormir.

.

Na primeira briga que teve, Francisco apanhou.
Tinha sete anos.
Tomou um soco na boca.
Apanhou de um colega mais velho.
Igual ao pai quando era adolescente.
Saiu ruim de briga.
Parecido comigo.
Fui na escola.
Fiz escândalo.
Ameacei acionar a polícia.
Gritei.
Chamei a diretora.
Me acalmei.
Chorei.
E dei a ele o maior amor quando chegamos em casa.
O maior amor que um pai pode dar à um filho.
Li historinha e ele logo adormeceu.
Eu não suportei o fato de que alguém tinha lhe socado a cara.
A boca cortada.
Aberta com a pancada.
Tinha que ter dado pontos.
Não, não precisava de pontos.
Antônia ria.
Dizia que é preciso aprender a se defender.

Que é a lei da selva.
Que no mundo sobrevivem apenas os mais
fortes.
.

Eu levava Francisco para pescar todos os domingos.
Em uma lagoa tranquila.
Na estrada *Caminho do meio*.
Que liga a zona norte de Porto Alegre à Viamão.
Apenas nós.
Eu nunca havia pescado na vida.
Mas desde que Francisco tinha três anos, esse se tornou o nosso programa.
Conversávamos e ele me dizia:
- Pai, duvido que tu saber o nome daquela nuvem lá.
E eu arriscava:
- O nome daquela nuvem é... João?
E ele dizia:
- Que João que nada, pai. O nome da nuvem é
esperança.
.

Francisco ganhava todas as charadas.
Era bom em histórias.
Nas quartas, ele ia comigo ao futebol.
Eu o levava e o buscava da escola.
Ele falava sem parar.
Contava histórias mirabolantes.
Falava dos amigos.
Do Gabriel, que era o seu melhor amigo.
Do Pedro, que ele não gostava porque o Pedro, pai, é muito violento.
- O Pedro me chama de bicha, pai.
Que sua melhor amiga agora era a Paulinha.
E que tinha a Aline que era bonita, pai.
E a Fran tinha síndrome de down, e ele tinha uma peninha dela.
Mas que todos os colegas a
respeitavam.
.

Para Francisco, viver era uma aventura.
Uma incrível aventura.
E ele era um bom desbravador.

Dormia comigo, abraçado.
Era o meu melhor
amigo.
.
Fazem muitos dias que não abraço Francisco.
Hoje eu quase não saí da cama.
Faz quarenta e cinco dias que estou assim.
Desse jeito.
Já são dezenove horas e Antônia ainda não
chegou.

Sexto capítulo

Sessenta dias depois do sequestro, eu parei de tomar os medicamentos.
Tive quatro consultas médicas.
Não me adaptei aos remédios.
Nem ao médico.
Psiquiatras não são solidários.
Ele mal me olhava.
Tinha um aspecto depressivo.
Era mais triste do que eu.
Ele não tomava banho há dias.
A oleosidade do cabelo denunciava.
E aquele paletó ridículo da década de sessenta?
.
Eu não suportava o cheiro do diazepam.
Odiava o gosto do haldol.
A faixa preta alertava que o medicamento podia fazer mal.
VENDA SOB PRESCRIÇÃO MÉDICA.
A caixa misturava uma combinação do verde, do preto e do branco.
O USO DESTE MEDICAMENTO PODE CAUSAR DEPENDÊNCIA.
Fico pensando no marqueteiro que elabora a porra da caixinha do remédio.
Marqueteiro de indústria farmacêutica.
São todos ricos.
O dono da indústria diz:
- Quero uma caixa vendável.
Isso é perversidade pura.
E o marqueteiro, formado em publicidade e propaganda, faz uma caixinha humanizada.

E essas porras vendem como água.
Os representantes se acotovelam para visitar consultórios médicos.
Oferecem viagens internacionais.
Congressos.
Canetas de ouro.
Em troca, os médicos devem prescrever psicotrópicos.
E prescrevem.
À revelia.
O remédio vira *best seller*.
Não porque funciona.
Mas porque médicos viajam.
Ganham regalias.
Dinheiro.
Hiper medicalização.
Epidemia de remédio.
Esquema.
Dinheiro.
O mundo todo dopado.
O planeta
inteiro.
.
Peguei aquela montoeira de comprimidos e coloquei no ralo.
Do banheiro.
Coloquei jornais.
Toquei fogo.
Coloquei fogo no ralo.
Dentro de casa.
Com ódio.
Muito ódio.
A casa ficou tomada de fumaça.
Nunca mais tomarei essas porcarias.
Ficou um cheiro ruim na casa por vários
dias.
.
Me tranco no quarto.
Pego um livro do Ferreira Gullar.
Poema Sujo.
Leio um trecho.

menos que escuro
menos que mole e duro
menos que fosso e muro: menos que furo
escuro
mais que escuro:
claro
como água? como pluma?
claro mais que claro claro: coisa alguma
e tudo
(ou quase)
um bicho que o universo fabrica
e vem sonhando desde as entranhas
azul
era o gato
azul
era o galo
azul
o cavalo
azul
teu cu
tua gengiva igual a tua bocetinha
que parecia sorrir entre as folhas de
banana entre os cheiros de flor
e bosta de porco aberta como
uma boca do corpo.

Caos.
Gosto desse início do Poema Sujo.
Sempre o leio.
A sensação da imundície.
O gosto da sujeira.
Agora mais ainda.
A vida é uma grande imundice.
Mas as pessoas maquiam.
É feio assumir a própria podridão.
Encarar o esgoto.
Vivem como se a vida fosse bela.
E doce.

Resquício da tradição católica.
Escondem a sujeira pra debaixo do tapete.
Escondem a própria merda na privada.
E apertam a descarga.
Mais tarde a corda arrebenta.
A corda sempre
estoura.
.
Lembro do dia em que Francisco estava com vermes.
Ele tinha quatro anos de idade.
Uma lombriga do tamanho do mundo.
A professora Joana mandou um bilhete.
Que ele estava coçando demais a bunda.
Eu já tinha notado.
Perguntei o que era.
- Nada, papai. – Ele respondeu.
Não dei importância.
Um dia ele estava no banheiro e começou a gritar:
- Ai ai ai, tem uma cobra, tem uma cobra.
Estava pendurada.
Se mexia.
Era branca e vermelha.
Meu deus.
Deve ser uma tênia.
Eu e Antônia nos olhamos assustados.
Meu deus, pensei novamente.
Eu jamais teria coragem pra puxar.
Ela teve.
Devagar, devagar, calma, deu.
Saiu.
Eba.
Me senti um péssimo
pai.
.
Antônia era mais corajosa que eu.
Depois rimos.
Sentamos no chão de tanto que rimos.
E Francisco ali, sem graça.

Começou a chorar e foi pro quarto.
Albendazol e tudo ficou bem.
Naquela noite nos amamos.
Eu e Antônia.
Ela colocara uma camisola solta.
Os seios salientes, lindos.
As curvas e tudo mais.
Beijei-a por trás.
Seu pescoço.
Sua orelha.
Ela em pé.
E minha mão percorreu com habilidade a barriga.
A virilha.
A encontrei completamente molhada.
Ela gemia e sorria um riso fácil, frouxo.
Transamos com força.
Com muita
força.

Sétimo capítulo

.
- Me traz uma carteira de cigarros. - falei.
Falei baixo, quase inaudível.
Antônia levantou os olhos.
Ela sempre me olha com pena.
Deve pensar que carrego alguma penitência.
Que estou louco.
Desde o sequestro que eu não falava uma palavra sequer.
Nada.
Nem com ela, nem com Francisco.
Não falo com ninguém.
Anteontem peguei Francisco no colo.
Olhei pra ele.
Não senti nada.
Meus amigos me ligam incessantemente.
Não quero atender ninguém.
Não suporto mais as pessoas.
O exibicionismo delas.
O ego.
A conversa fiada.
Pessoas rasas.
Chatas.
Não suporto mais falar de futebol, política, carro, trabalho, mulher...
Os assuntos do bom brasileiro.
Pra mim,
chega.
.

- Mas você nunca fumou. - Ela diz.
Não respondo.
Vou para a oficina.
Há três dias tenho ocupado uma peça nos fundos de casa.
É lá que vivo.
Chamo esse lugar de "oficina" até que surja um nome melhor.
Antes não passava de uma peça para colocar bugigangas.
Um espaço de tralhas acumuladas ao longo da vida.
Que não servem para nada.
Caixa de isopor, fios, um ar condicionado velho.
Tirei tudo.
Coloquei uma mesa.
Um rádio.
Livros.
E tintas.
Passo meus dias ali.
Durmo.
Vivo ali.
Na oficina.
Não saio mais da oficina.
Estou sem medicação.
Não como.
Converso o dia inteiro.
Comigo mesmo.
Não falo com mais
ninguém.
.
No aparelho de som, toca *Stairway to Heaven*.
Led Zeppelin.
Rádio Itapema.
A música que Antônia tocou no Van Gogh no início do nosso namoro.
Aumento o volume.
Estou sozinho.
Não vejo mais ninguém.
Minha cabeça não para.
Acendo o primeiro cigarro.
Derby.
Antônia deve ter comprado essa marca porque é mais fraco.

Ela fumava Marlboro vermelho.
Ela sempre foi mais forte que
eu.
.
A última vez que havia fumado foi na faculdade.
Numa festa.
Antônia e eu bebemos muito.
Whisky.
Cigarro.
A noite toda.
Uma combinação explosiva.
Transamos na festa.
No banheiro.
Ela estava linda.
Com um vestido colado.
A virei de costas.
Arredei sua calcinha.
Penetrei fundo.
Ela gostava de ser comida por trás.
Fumamos um baseado.
Quase tive uma parada cardíaca.
Quase morri.
Depois me falaram que eu tive *teto preto*.
E eu vou saber o que é teto preto?
Minha pressão baixou.
Tive que deitar num sofá que havia num canto escuro.
Antônia se curvava de tanto rir.
De mim.
Ria de chapada.
Ela sempre fumou maconha.
Ela sempre riu de mim.
Eu havia casado com uma maconheira.
Todas as noites, depois que cumpria os compromissos do dia, ela acendia um baseado.
Sentava no sofá.
Colocava uma música.
Pegava um livro.
E fumava lindamente.

Segura de si.
Livre.
Antônia, chapada, ficava mais atraente.
Com o raciocínio rápido.
Declamava sua poesia preferida:
Não serei o poeta de um mundo caduco
também não cantarei o mundo futuro
estou preso à vida e olho meus companheiros
estão taciturnos mas nutrem grandes esperanças
entre eles, considero a enorme realidade
o presente é tão grande, não nos afastemos
não nos afastemos muito, vamos de mãos dadas.
.
- Carlos Drummond de Andrade. - Ela dizia.
Sabia de cor.
Falava com o baseado entre os lábios, rindo.
Como na vez em que tocou violão no Van Gogh.
Eu nunca decorei poesia alguma.
Meus poetas possuem linguajar difícil.
Como decorar Poema Sujo?
Precisaria de uma memória de
elefante.
.
Traguei o cigarro com força.
Ávido.
Mais uma tragada, duas, três.
Fumei a carteira toda.
Um cigarro atrás do outro.
E mais outra carteira.
E outra.
Não tenho fome.
Minhas vistas escureceram.
Deve ser do cigarro.
Dormi sentado.
É junho.
Hoje completou quatro meses do fatídico sequestro.
Não sei que horas
são.

Oitavo capítulo

Passei a fumar quatro maços por dia.
Sigo sem medicamento.
Acendo um cigarro no outro.
Derby.
Antônia compra pra mim.
É o meu único gasto.
Quarenta reais diários.
O cigarro se tornou um vício pesado.
Gasto mais com cigarro do que com comida.
A carteira do cigarro não me assusta.
Diferente da caixinha dos remédios.
A do cigarro é sincera.
Ali há fotografias do amanhã.
Impotência sexual.
Câncer de pulmão.
Feridas pelo corpo.
Um tubo na garganta.
Tudo estampado.
Pragas ocasionadas pelo cigarro.
Prefiro sempre a honestidade.
Minha barba cresce como nunca.
Ontem raspei a cabeça.
Eu mesmo.
Sozinho como sempre.
Ficou com caminhos de rato, mas
azar.
.

Me olho no espelho.
Nunca tive o cabelo raspado.
Nem quando era criança.
Minha mãe sempre deixava cabelo para pentear.
Há feridas na minha cabeça.
Os cabelos escondiam.
Parecem espinhas.
Fiquei com um semblante sério.
E sisudo.
Pareço ainda mais magro.
Pareço louco.
Não consigo me acalmar.
Caminho pra lá e pra cá.
Mordo os lábios.
A bochecha.
Penso em tudo ao mesmo tempo.
Retornou aquela sensação estranha.
O medo
também.
.
Tenho medo das pessoas.
Ou asco.
Estou isolado.
Em licença.
Licença nojo.
Nojo de gente.
Por tempo indeterminado.
Tenho medo do barulho dos carros.
Do barulho das buzinas.
Do barulho das vozes.
Medo de ser sequestrado.
- Entra nesse carro, filho da puta - lembro.
Me assusto.
Prefiro viver assim.
Como estou hoje.
Aqueles remédios iam me matar.
Não quero sair daqui.
Da oficina.

Estou há sete meses
trancado.
.

Leio sem parar.
Ontem acabei de ler um longo e penoso livro.
Proust.
Em busca do tempo perdido.
Marcel, o narrador, só encontra a essência das coisas quando um momento presente se identifica com um momento passado: um odor já aspirado e um ruído já escutado são novamente aspirados e escutados.
As lembranças.
Genial.
Vibro.
O poder da memória.
Nunca usei tanto a minha memória.
Estar sozinho é o caminho para alcançar o passado.
Refazer o passado.
Ressignificar.
Proust, um intelectual francês.
Nasceu em mil oitocentos e setenta e um, diz a orelha do livro.
Muito antes de mim.
Ficou três anos trancado no quarto.
Escrevendo.
Igual à mim.
Morreu de pneumonia.
Se depender da minha genética, vou morrer de
leucemia.
.

A França de Proust me fascina.
É a mesma França de Rimbaud.
De Balzac.
O Uruguai de Pepe Mujica também me encanta.
De Eduardo Galeano.
Não podia dar errado.
É um belo país.
O afeto dos *hermanos*.
A música.
A milonga.

Prefiro a milonga ao tango.
Jorge Drexler.
Amar la trama más que el desenlace.
O Uruguai está à frente do Brasil.
Todos os países estão à frente do Brasil.
A arte me faz viajar o
mundo.
.

Fui duas vezes à Montevidéu.
Ambas com Antônia.
Uma com Francisco.
Fomos de carro.
Antônia dirigiu a maior parte da viagem.
Eu trocava fraldas e fazia mamadeiras.
O Francisco era pequeno e chorava sem parar.
Eu e Antônia brigamos a viagem
toda.
.

Às vezes meu coração acelera.
Uma falta de ar me apossa.
Me sinto sufocado.
Como se houvesse alguém apertando meu pescoço.
Dói meu peito.
Essa sensação surge do nada.
Sem explicação.
Às vezes estou bem e repentinamente fico ansioso.
O medo me atordoa.
Queima.
Invade.
Nenhum problema justifica esse mal-estar.
Nada que explique.
Há sempre algo dentro de mim que incomoda.
Que me
atormenta.
.

Aqui, na oficina, estou protegido.
Ou melhor, menos exposto.
Sou um exilado.

Em mim mesmo.
Não sinto falta das pessoas.
Não sinto falta de nada.
Há pessoas chatas demais.
Viver em sociedade nessa era capitalista é enlouquecedor.
Uma eterna competição.
As pessoas precisam ser melhores do que as outras.
Shopping.
Academia.
Sucesso.
E tem os *coachs*.
Eu odeio *coach*.
Eles têm resposta pra tudo.
Vida em alta performance.
Sabe de uma coisa: saí fora dessa porra toda.
Vou viver a minha.
Sozinho.
Mas não penso nisso.
Não analiso minhas decisões.
Apenas vivo.
Deixo levar.
Do meu jeito.
Somente do meu jeito.
Apenas não quero saber
mais.

.

Preciso falar com Antônia.
Com Francisco.
Não consigo.
Não consigo
olhá-los.

.

Tom e Foguinho estiveram na minha casa.
Tocaram a campainha.
Eu odeio essa campainha.
Abri a cortina da janela.
Eles riram.
Eu estava desfigurado.

Sem camiseta.
- Vão tomar no cu. - pensei.
Vão tomar no meio do cu.
Fechei a
cortina.
.
Três amigos de infância.
Nossas brincadeiras sempre foram desproporcionais.
Violentas.
Passavam dos limites.
Dessa vez me acertou em cheio.
Nunca imaginávamos que algo assim pudesse acontecer.
Pode ocorrer com qualquer um.
Ninguém está imune da
loucura.
.
Na infância, eu, Tom e Foguinho brincávamos muito de lutinha.
Eu era o mais inábil dos três.
Sempre levei a pior.
Ainda mais com Foguinho.
Ele era bom de soco.
Mas sempre um ficava bravo e quase virava briga.
Briga de verdade.
Em uma festa, Tom colocou laxante no copo de cerveja do Foguinho.
Nove comprimidos.
Após vinte minutos, ele foi para o banheiro.
Saiu de lá pro hospital.
Oito dias internado.
Desidratação.
Desnutrição.
De tanta diarreia.
Certa feita, em um carnaval, o Foguinho disse:
- Diga "ah".
Eu, idiota, falei "ah" com a boca bem aberta.
E ele me atirou uma mão cheia de confetes.
Aqueles papeizinhos picados.
Os confetes grudaram na minha garganta.
Me sufocaram.

Eu não conseguia respirar.
O ar não passava.
Nem água.
Nem nada.
Dispneia.
Fiquei roxo.
Quase morri.
Noutra vez foi no aniversário do Tom.
Planejamos iniciar uma festa pela manhã.
A ideia era colocar soníferos na bebida dele, à ponto que dormisse.
Durante a festa, quatro comprimidos de lexotan.
Batata!
Com ele dormindo, o levaríamos para um clube de paraquedismo.
Um clube pequeno na saída da cidade.
Colocaríamos no avião e o instrutor saltaria com ele em sono profundo.
Quando acordasse, estaria em queda livre.
Literalmente.
Nós estaríamos esperando lá embaixo, rindo.
A empresa que pratica o salto, responsavelmente, não aceitou.
Mesmo pagando mais.
Isso é antiético,
disseram.
.
Nossa amizade era assim.
Muito amor.
E violência.
Meus amigos, literalmente, me enlouqueceram.
Tom e Foguinho.
Fechei a cortina e não abri o portão.
Não quero vê-los nunca mais.
São nove horas da manhã e eu ainda não
dormi.

Nono capítulo

O tempo tem passado muito rápido.
Ou lento.
Não sei.
Perdi a noção do tempo.
Acordo e quando me dou conta já é noite.
Ou ainda de manhã.
Perdi o hábito de olhar o relógio.
Também o sol quase não vejo.
Nem a chuva.
Vivo numa gaiola.
Estou imerso nos livros.
Vários.
Na oficina, estão por todos os lados.
Literatura.
Apenas literatura.
Garcia Márquez.
Nabokov.
Rubem Fonseca.
Kafka.
Só consigo encontrar saída na literatura.
Há anos não tenho relógio.
Desde a época da faculdade.
Na minha formatura, Antônia me deu um relógio.
De pulso.
Pulseira de couro marrom.
Também ganhei canetas.
Caneta de presente é pra acabar.

Como se escrevêssemos.
Todas estragaram por falta de uso.
Roubaram meu relógio alguns meses depois.
De dentro da minha casa.
Fiz um jantar para amigos e o relógio sumiu.
Um amigo me roubou.
Não desconfio quem seja.
Nem quero.
Um relógio só serve para que nos roubem.
Amores também.
Relógios perderam serventia.
É celular pra tudo.
O celular tomou conta.
Veio de mansinho.
Com o jogo da cobrinha.
E agora conecta o planeta.
Temos o mundo às nossas mãos.
Inventaram a *Alexa*.
Você ordena e ela faz.
- *Alexa*, quantos graus está na rua?
- *Alexa*, me informe as notícias do dia.
Globalização.
Na frequência máxima.
É aplicativo pra pagar as contas.
Pra dirigir.
Pra correr.
Deve ter aplicativo pra transar.
Apita quando estamos próximos ao orgasmo.
Manda gemermos alto.
Pegar com força.
É o sexo líquido, diria
Bauman.
.
Perdi a dimensão temporal.
Estar sozinho nos retira do tempo.
Ao menos desse.
Moderno.
Hegemônico.

O tempo é subjetivo.
Mesmo que sejamos guiados pela métrica do
ponteiro.
.

Sozinho, juntei livros e discos de vinil.
E tinta de todas as cores.
Pincéis.
Não preciso de mais nada.
Literatura, música e pintura.
Não tenho celular e nem televisor.
Nem pessoas que causavam mais incômodo do que satisfação.
Tinha bons amigos, mas eles também me anojavam.
Meus amigos eram meus fantasmas.
Até os bons amigos nos repugnam.
A esposa, o filho.
Todos.
Até eles às vezes nos cansam.
Fazem mal.
À sós crio o meu mundo.
Um novo mundo.
Vou recriando a vida.
Na vitrola está tocando *The End*.
The Doors.
Leio, fumo e escrevo.
Leio, fumo e escrevo.
Estou imerso em livros.
Quase não como.
Não
converso.
.

Estou há muitos dias sem ver Francisco.
A última vez que veio à oficina, eu estava sentado no chão.
Sem camiseta.
Eu estava com um livro nas mãos.
Levantei meus olhos.
Ele me viu e saiu correndo.
Teve medo.
De mim.

Eu não tenho mais medo.
De nada.
De ninguém.
Passei a vida tomado pelo medo.
Sem saber de onde vinha.
Nem porquê.
Era medo de tudo.
Medo de morrer.
De adoecer.
De amar.
Mas nunca tive medo de ser sequestrado.
Precisei da violência para espantar meus medos.
Um sequestro.
A loucura precisou me habitar.
Um trauma.
O medo está fora de nós, não
dentro.
.
Tomo banho todos os dias.
Na oficina, tenho o essencial para que os fantasmas não me habitem.
A campainha toca.
Maldita campainha.
Toda a hora.
Não vou atender.
Toca mais uma vez.
Que saco.
Abro a janela.
Conheço aquele homem parado no portão.
É Geraldo.
O professor de física.
Está diferente.
Mais atlético, mas velho.
Há anos não o vejo.
Eu também estou diferente.
Na verdade, sou outro.
Outra pessoa.
Outro corpo.
Na mesma existência.

É possível sermos muitos.
Infinitos.
Fico na janela, parado.
Paralisado.
Olhando aquele senhor que me espera.
Eu também o esperei.
Estamos imóveis, nos olhando.
Faço um sinal com a mão para esperar.
Ele espera.
Pego as chaves e pela primeira vez em dois anos abro o portão.
Estou com um calção velho e sem cueca.
Cabeça raspada, com feridas.
Passaram-se dois anos do sequestro.
Ele para na minha frente.
Eu não me movo.
Ele me dá um abraço
apertado.

- Estava com saudade, meu filho. - Ele diz.
Sinto algo estranho.
Nunca fui chamado de filho.
Meu pai, coitado.
Só sabia beber e fazer poesia.
E Geraldo foi importante pra mim.
Não fez muito.
Mas no que fez, foi cirúrgico.
Me incentivou a estudar.
E isso mudou tudo.
Assim como o sequestro, que transformou minha vida.
Estudar e ser sequestrado.
Ironias do destino.
Estudar fez eu conhecer Antônia.
O sequestro fez eu conhecer a mim mesmo.
Um trauma pode nos jogar no abismo.
Ou nos tirar do buraco.
Os livros também.
Não convidei Geraldo para entrar.
Nem pra sentar.

Não falei.
Não me movi.
Ele perguntou se eu estava bem.
Só.
Uma pergunta.
Eu fiz que sim com a cabeça.
Ele me olhou por inteiro.
Me olhou por dentro.
Me olhou os pés, o dorso, o peito, o rosto.
Olhou detalhadamente.
Me abraçou, dessa vez com mais força, e se
foi.
.
Me deixou ali.
Em pé.
Fiquei olhando seus passos.
Como o olhava admirado quando tinha vinte e quatro anos na Xerox da PUC.
Desde então, ele invadiu meus pensamentos.
Virou meu pai.
Um bom pai não precisa fazer muito, mas o essencial.
Um bom pai precisa ser
cirúrgico.

Décimo capítulo

Voltei para a oficina transtornado.
De novo o aperto no peito.
Dificuldade para respirar.
Tinha aliviado.
Agora voltou com força.
Mas não era um sentimento ruim.
Nem bom.
Tomei um gole de água.
Era uma tarde de sol.
Há muito tempo eu não olhava para o sol.
A visita do professor Geraldo me atingiu em cheio.
Peguei uma acartonado branco que estava escorado na parede.
Algumas tintas, um pincel.
Comecei a pintar.
Senti uma vontade incontrolável de pintar.
Tinta vermelha.
Tinta preta.
Só.
Um rosto.
Nem triste, nem feliz.
Um rosto com formato disforme.
O vermelho, do modo que usei, dava um tom melancólico.
Gosto da melancolia e dos melancólicos.
Pintei o rosto de Geraldo.
Pintei o rosto do meu pai.
Uma fusão.
Lembrei das vezes que pensava no meu pai de verdade.

De verdade não, de
sangue.
.
Lembro pouco do semblante do meu pai.
Não recordo quase nada.
Nada do seu jeito
Do seu caminhar.
Seu cheiro.
Minha mãe só falava que ele era poeta.
E bêbado.
Havia morrido pra ela.
Na escola, quando perguntavam o nome do meu pai, eu inventava.
João.
Carlos.
Pedro.
Inventava profissões a ele.
Que trabalhava como motorista de ônibus.
Ou cobrador.
Do T7, que ia do Triângulo até o shopping Praia de Belas.
Da zona norte à zona sul.
Ou que era militar do exército.
Que estava sem trabalho.
Qualquer coisa.
Qualquer situação me orgulhava.
Desde que houvesse um pai.
Eu tinha vergonha por não ter.
Meus amigos do bairro também não tinham.
Ou haviam morrido de doença.
Ou de morte matada.
O pai do Pedrinho morreu de câncer.
O do Anderson num assalto.
Mas meus colegas de escola tinham.
Eram de melhor condição financeira.
A pobreza mata precocemente nossos pais.
Eu olhava de longe quando meus colegas desciam do carro.
Beijavam o rosto do pai.
Crianças uniformizadas.
Correndo de um lado pro outro.

Pais alegres.
Abraçando os filhos.
Amando os filhos.
E eu nem sabia quem era o meu pai.
Sumiu.
Que mundo é esse que os homens somem e deixam seus filhos para trás?

Poetas amam demais.
Amam tudo.
Transbordam.
Não possuem paradeiro.
E minha mãe foi engravidar logo de um poeta.
Depois de anos, e eu já tinha onze, meu pai reapareceu.
Estávamos na cozinha, almoçando.
Eu, minha mãe e meu irmão.
O velho entrou porta adentro.
Tinha uma mochila velha e um rosto enrugado.
Parecia ter mais de setenta anos.
Parecia avô, não um pai.
Falava sem parar, nervoso.
Quase aos gritos.
Falava que amava aquela família.
Que queria voltar.
Que estava arrependido.
Falava em amor, em saudade.
Gaguejava.
Chorava.
Minha mãe levantou.
Pegou a panela de fritura que estava no fogão.
E atirou contra ele.
A banha quente, que fritava o frango do dia anterior, atingiu seu rosto.
E a panela o acertou em cheio.
- Sai daqui, filho da puta. - Ela gritou.
- SAI DAQUI!
Em seguida pulou nele, como nunca vi.
Aos socos e tapas e chutes.
Atirou tudo o que havia perto.

Ele saiu, constrangido.
Humilhado.
Eu vi aquela cena aturdido.
Queria conhecer meu pai.
Queria ter um pai.
Tinha pena dele.
Eu não falei nada.
Apenas chorei.
Chorei no banho, debaixo do chuveiro.
E depois no quarto, antes de dormir.
Hoje entendo minha mãe.
Enfrentar o abandono.
A criação de três filhos.
A morte de um.
Sozinha.
- Tu fugiu de casa por causa de mulher. - Ela disse.
- Me deixou sozinha esses anos todos. E agora quer voltar - Esbravejava.
- Vai pra puta que
pariu.
.
Depois de quatro meses desse dia, avisaram que meu pai tinha sido hospitalizado.
Dois dias depois, estava na UTI.
Leucemia.
Novamente leucemia.
Meu tio já havia morrido assim.
Meu irmão também.
Foi fulminante.
Fui vê-lo.
Estava entubado.
Magro.
Pálido como uma folha de ofício.
Toquei sua mão.
Ele me olhou, com canos enfiados no nariz.
Não consegui dizer nada.
Foi a primeira vez que fiquei mudo de tristeza.
Ele sorriu, como se me entendesse.
Era a nossa despedida.

Morreu dois dias
depois.
.
Enquanto pintava, tocava Beethoven no aparelho de rádio.
Moonlight Sonata.
Um drama.
Uma angústia.
Professor Geraldo.
Meu pai.
Francisco.
Eu.
Homens.
Diferentes gerações.
Cada um com sua história.
Cada um com a sua
maldição.
.
Eu pintava e via o rosto do meu pai na UTI.
Via o rosto do Geraldo no portão.
O físico.
Um físico em Porto Alegre.
Um professor.
Sempre quis ser professor, como Geraldo.
Rodeado de estudantes.
Uma fala mansa, doce.
Gente boa.
Não tinha filhos.
Só amigos.
- Filho dá muito trabalho. Prefiro os amigos. Cada um com sua própria vida - dizia.
Homem contraditório.
Fumava e se exercitava.
Acreditava e duvidava.
Amava e brigava.
Uma pessoa intensa.
Lembrou de mim.
Imaginei que houvesse esquecido.
Eu, o pirralho da Xerox.

Ele, preocupado com a minha condição de saúde.
Com a minha existência.
A minha loucura.
Deve ter compreendido o meu estado.
Ele também gostaria de se retirar do mundo.
Tenho certeza que sim.
São duas horas da madrugada e meus olhos estão muito amarelos.

Décimo primeiro capítulo

Dormi pouco essa madrugada.
Nem sei se dormi.
Ontem comecei a ouvir vozes.
Não tinha ninguém em casa.
Ao menos parecia não ter.
Silêncio absoluto.
É fácil identificar quando as pessoas saem.
Pelo silêncio.
Francisco faz barulho o dia todo.
Só dorme à noite.
Eu não faço barulho nenhum.
Então o silêncio diz
muito.
.
As vozes que ouço parecem confusas.
Gritam.
Gritam por mim.
Nos meus ouvidos.
Gritam com a minha voz.
São muitas pessoas falando.
Todas parecem comigo.
Tudo dentro da minha cabeça.
Elas falam coisas que eu não entendo.
Falam sem parar.
Tento repetir.
Fico ansioso.
Muito ansioso.

- Ouço ruas nas esquinas o que tá me olhando eu sei vou pegar tudo – dizem as vozes.
Também vejo *flashs*.
Os *flashs* vêm aos meus olhos quando os fecho.
São clarões.
Faz dias que isso acontece.
Intensamente.
Repetidamente.
Estranho.
Foi aumentando com o passar dos dias.
No começo tive medo.
Depois acostumei.
Agora elas fazem sentido pra mim.
As vozes falam o que preciso ouvir.
Aprendi a escuta-las.
Todos nós ouvimos vozes.
E é preciso dar vida às vozes que
ouvimos.
.
Ontem as vozes falaram sobre sentimentalidade.
Sentimento é preciso sentir.
É coisa que dá na nuca.
É pra pessoa que tem coração.
Que sentimento é desumano.
Falaram sem parar.
O dia todo.
No começo eu só ouvia.
Agora também falo.
Escrevo o que dizem.
Palavra por palavra.
Anoto à mão num caderno.
Desenho.
Risco.
Risco.
Escrevo.
Já usei muitos cadernos desde que vim pra oficina.
Já deve ter mais de mil páginas
escritas.

.
Minhas mãos estão pintadas.
Tinta de caneta.
Tinta à óleo.
Acrílico.
Por mais que lave, as tintas não saem.
As tintas mancham quem escreve.
Preciso de
solvente.

.
Sonho acordado.
Comecei a endereçar o que escrevo.
Cartas à Geraldo.
Eu escrevo tudo.
Tudo o que as vozes dizem.
Elas explicam.
Sobre o mundo, sobre a vida.
Querido pai.
Começo sempre assim.
Como se fosse um
diário.

.
Antônia não acreditaria que o professor Geraldo esteve aqui.
Tantos anos depois.
Que me chamou de filho.
Não sei se alguém acredita.
Ninguém mais acredita em mim.
Duvidamos sempre da loucura.
É uma desrazão.
Não falar com as pessoas tem as suas vantagens.
Não preciso contar nada pra ninguém.
Nem que Geraldo esteve aqui.
As cartas passaram a ter destinatário: professor Geraldo.
Escrever me fazia viver.
Me acendia o fogo da vida.
É preciso fogo aos
vivos.

.

Um cachorro passou a frequentar minha casa.
Primeiro ouvi choros ao longe.
Depois acuos.
Imaginei um vira lata.
Pelos latidos.
Nunca gostei de cachorro.
Antônia e Francisco sempre quiseram.
Eu era resistente.
No apartamento nem pensar.
Depois que viemos para essa casa, não tocamos mais no assunto.
- Vai ser bom para a educação do Francisco - dizia Antônia.
- Pai, no meu aniversário eu quero um cachorro - pedia Francisco.
Nunca rolou.
No fundo, eu não gosto de cachorros.
Nem de animais.
Não sou deles.
Nem eles de mim.
Tinha medo de cachorro.
Nunca fui atacado.
Mas sei lá.
Sempre tive medo.
Tenho medo de gato, de macaco.
Macaco é pior que pessoa.
Mais traiçoeiro, mais sacana.
As pessoas criam até macaco no Brasil.
Em gaiola.
Que horror esse Brasil.
É assustador.
Então sempre fui resistente a animais.
Mesmo com pedidos incessantes de quem morava comigo.
Como agora não existo mais, adotaram.
Não perguntaram minha opinião.
Não precisam da minha opinião.
Mesmo que perguntassem, eu não daria.
Vai fazer bem a
eles.
.
Às vezes penso como Antônia e Francisco devem estar.

Ainda há muito sentimento.
Mas não consigo mais seguir com eles.
Não é falta de amor.
Nem abandono.
Nem tudo na vida é amor.
No começo correspondia às interações.
Aos carinhos.
Às conversas.
Antônia se preocupava comigo.
Certa vez a ouvi no telefone.
Falava com a mãe sobre mim.
Que eu havia enlouquecido.
Que tinha abandonado a medicação.
Que não era mais o mesmo.
E de fato não era.
Fui ficando cada vez mais afastado.
Até que nossas interações se resumiam à sim e não.
Eu via Antônia triste.
Francisco menos.
Aos oito anos, nos preocupamos pouco.
Nos preocupamos pouco com os pais.
Francisco seguia a sua
vida.
.
Durante a gravidez, eu massageava todos os dias os pés de Antônia.
Ela estava inchada como a lua cheia.
Linda como a lua cheia.
Os pés arredondados.
Eu massageava e falava com Francisco.
Ele na barriga, a ponto de explodir.
Eu dizia que ia ser poeta.
E pedia um poema.
Ele me respondia com chutes.
Às vezes com nada, mas eu garantia que minha conversa era correspondida.
Eu ficava horas e horas passando a mão na barriga de Antônia.
E ela tocava violão.
Enquanto eu falava palavras bonitas tentando encaixar às notas.
Grávidas que tocam violão são divinas.

Cantávamos pra
Francisco.
.

Grávida, Antônia parou de fumar maconha.
Parou de beber e largou o Marlboro.
Mas não perdeu a sensualidade.
Se tornou ainda melhor.
Tocava violão e fazia yoga.
Passou no mestrado e começou a estudar *Direito e Literatura*.
O Direito ganharia ares amistosos no diálogo com a poesia.
Pode ser que se torne mais sensível.
E ninguém melhor do que Antônia para estabelecer essa relação.
Ela ficou ainda mais forte depois do parto.
E depois do puerpério.
E depois de tudo.
Antônia era fortaleza
pura.
.

Francisco não foi planejado.
Eu ainda estava na faculdade e Antônia estudava para a prova do mestrado.
Transávamos todos os dias.
De todos os jeitos, em todos os lugares.
Era início de namoro.
E sempre no início de namoro transamos como se não houvesse amanhã.
Ela trocou o anticoncepcional.
O antigo lhe causava espinhas.
Iniciou um que prometia baixa dosagem hormonal.
Vinte e oito comprimidos.
Todos os dias.
No mesmo horário.
À noite, antes de dormir.
Mas sempre o risco de câncer.
De mama.
De útero.
É muitas bombas hormonais.
É um sofrimento ser mulher.
Patriarcado e
pílula.
.

Depois que Francisco nasceu, eu e Antônia nos afastamos.
Nos dávamos bem, mas algo mudou.
Deve ser o filho, pensava.
Eu me formei na faculdade e logo entrei no escritório.
Ela seguiu estudando.
Concluiu o mestrado.
Entrou no doutorado.
Passava o dia no computador.
Lendo e escrevendo.
Eu, no escritório.
Analisando processos judiciais.
Após a licença maternidade, Francisco foi pra escolinha.
Depois cresceu e foi para a escola.
Ele de mochila nas costas era o que existia de mais mágico no mundo.
.

Não tínhamos babá.
A grana estava curta.
Antônia teve uma briga com os pais e abdicou do auxílio financeiro.
Abriu mão da mesada que seguia ganhando.
Antônia vivia com a bolsa do mestrado.
Uma merreca.
E com a grana que ela havia guardado.
Eu com quase nada.
Ganhava pouco no escritório.
Na época era um salário e meio.
Dava uns mil e quinhentos reais.
Só depois passei a ganhar mais.
Mas fomos vivendo.
Com altos e baixos.
Alguns momentos apaixonados.
Outros de muitas brigas.
Amor e ódio.
Francisco foi crescendo e tá aí.
Nós,
também.
.

As vozes não param.

Elas moram na minha cabeça.
Escrevo.
A caneta rasga a folha de papel.
São dez horas da manhã e não sinto nada.
Absolutamente
nada.

Décimo segundo capítulo

A vida nos reserva um abismo.
Nele, estamos a sós.
Completamente sós.
Morrer é assim.
Ninguém pode ajudar.
Nem fazer nada.
Nem nós mesmos.
Ato derradeiro.
A vida toma o próprio prumo.
Como se estivéssemos caindo.
Em queda absoluta.
Assustador.
Mesmo que tenhamos bons amigos.
Familiares generosos.
Pais e mães.
Ainda estaremos sozinhos.
Na loucura também é
assim.
.
Pensando bem, nunca estive tão aqui.
Dentro de mim mesmo.
Antes eu desejava o futuro.
Dinheiro.
Trabalho.
Aluguel.
Filho.
Amigos.

Contas.
Juros.
Internet.
Celular.
E o caralho à quatro.
Eram essas as coisas que importavam.
Pensava nisso sem parar.
Vivia para isso.
E tudo isso é muito para um humano.
Eu estava encapsulado.
Pelo capitalismo.
Tudo ao mesmo
tempo.
.
Sempre vivi uma vida que não parecia minha.
Não era a vida de ninguém.
Ausente em mim mesmo.
Preocupado.
Quando não era um problema, era outro.
Um caos.
Eu habitava o
caos.
.
Antes do sequestro, eu já acordava atordoado.
Às seis horas.
Tomava um banho apressado.
Escovava os dentes.
Entrava no carro.
Pegava a Avenida Cavalhada.
Depois a Nonoai.
A Icaraí.
A Padre Cacique.
E caía na Cidade Baixa, onde era o escritório.
Cinquenta minutos no trânsito.
Engarrafado.
Trabalhava o dia inteiro.
Das oito às dezoito.
Resolvendo problema dos outros.

O cara assassina a esposa e eu preciso resolver.
Salva-lo da cadeia.
Mesmo sendo um assassino confesso.
Pagam dinheiro alto pra isso.
Que merda de profissão escolhi.
Defender bandido.
Trabalhar num lugar que protege bandido.
Na volta do trabalho, uma hora e meia de retorno pra casa.
Porque o trânsito às seis horas da tarde em Porto Alegre...
Tudo isso pra ganhar três mil e quinhentos reais.
Três salários e
meio.
.
Só agora tenho conseguido me habitar.
Do meu jeito.
Estou em mim, pela primeira vez.
Não quero saber das pessoas lá fora.
Vim ao mundo sem pedir.
E ninguém pode me obrigar a aturar o que não quero.
Ninguém pensa na vida que leva.
Por isso se submetem.
Eu agora penso.
Penso e repenso.
E tudo me dá asco.
Lembra-me Eric Nepomuceno falando do exílio.
Em Buenos Aires.
Se exilou pois sentia asco do Brasil.
Asco das pessoas que viviam no Brasil.
Sinto o mesmo.
Estou exilado.
No meu autoexílio, como o
Eric.
.
Comecei a construir uma caixa para armazenar as minhas memórias.
As vozes têm razão.
É preciso guardar as nossas memórias.
O passado resgatado.
A caixa não é nada demais.

É ligada à um cabo de energia.
Conectado à minha cabeça.
Isso extrai a memória.
E ela não pesa.
Não ocupa espaço.
O cabo absorve a memória.
As lembranças.
Aspira.
E leva à caixa.
Podemos acessa-la a qualquer tempo.
Em qualquer situação.
Tenho muitas memórias.
Não paro de pensar.
De lembrar.
Antes, não recordava nada.
O exílio atiçou meu cérebro.
O mundo lá fora nos faz esquecer.
Informação demais.
Notícias.
É como se transbordássemos.
Nós, um cálice.
E as memórias derramadas.
Esvaídas.
Como vinho.
Lá fora, tudo acontece incansavelmente.
As coisas do mundo.
Da vida.
E vamos apagando, apagando.
A ponto de lembrarmos apenas da última postagem que vimos no *Instagram*.
.
As minhas vozes.
Minha loucura.
Disseram que eu estava louco.
Me classificaram.
Esquizofrenia.
Logo eles, que vivem vidas de merda.
Medíocres.

Minha cabeça flutua.
As vozes estão comigo.
Não estou à sós.
Antes, sim.
Andava sozinho.
Totalmente
só.
.
Preciso conseguir madeira e fiação elétrica.
Cabos como aqueles que se ligam ao peito em eletrocardiogramas.
Tudo para fabricar a caixa da memória.
Trabalho nisso sem parar.
Nunca ninguém fez nada parecido.
Trabalho incansavelmente.
Não durmo.
Quero construir a caixa coletora de memórias.
Não quero inventar um celular.
Um aplicativo.
Nem ganhar dinheiro.
Quero viver.
Aqui na oficina sou físico.
Como o professor
Geraldo.

Décimo terceiro capítulo

Ouvi o barulho e corri à cozinha.
Não acreditei no que via.
Minha mãe deitada no chão.
Não tinha sangue.
Ouvi o barulho da morte.
Não conhecia o estouro que é morrer.
A morte da minha mãe fez muito barulho.
Ainda faz.
Ela estava cozinhando.
Infarto agudo do miocárdio, dizia o atestado de óbito.
Tinha quarenta e oito anos.
A morte do filho já havia lhe matado.
A morte de um filho é o tipo de tristeza que não deixa mais viver.
Paralisa.
O coração não aguentou e estourou.
Explodiu.
Um coração quando estoura deve encher o peito de
sentimento.
.
Fui o primeiro a chegar.
Sentei no chão, ao seu lado.
Fiz carinho no seu rosto.
Ela estava morta.
Falei que a
amava.

.
No caixão, vestimos seu vestido preferido.

E ela foi enterrada sorrindo.
Sozinha.
Estava linda.
Também morri um pouco.
Na vida morremos a cada instante.
A cada pouco.
É uma gangorra.
Vivo pra morrer.
Morro
vivo.
.

Depois da morte da minha mãe, ficamos naquela casa.
No interior.
Meu irmão e eu.
Ele era mais baixo.
Mais velho.
E uns poucos pelos apontavam no rosto.
Um bigode fino de penugens.
Ele era mais mulato.
Parrudo.
O que tinha em mim de medroso, tinha nele de brigão.
De corajoso.
Na escola, brigava por qualquer coisa.
E eu sempre fui mais responsável
Por sua causa, fui na escola várias vezes conversar com a diretora.
Com a professora.
Com o pai do colega.
Ele não aliviava pra ninguém.
Por qualquer motivo, já saía no tapa.
Brigava
bem.
.

Quando minha mãe morreu, éramos adolescentes pra qualquer coisa.
Seguimos vivendo com a sua pensão.
Mesmo depois de morta.
A adolescência é a fase mais imprestável da vida.
Não serve pra nada.
Não se é adulto, com as responsabilidades todas.

Nem uma criança amorosa.
Se é adolescente.
Mongolão.
Éramos dois mongolões adolescentes.
Mas cuidamos bem um do outro.
Eu fazia comida e limpava a casa.
Ele dormia.
Era vagabundo.
Mas de boa.
Fomos vivendo
assim.
.

Acabamos o ensino médio.
Eu com louvor.
Ele por um fio.
Mas nenhum e nem outro reprovou.
Mérito pra adolescentes como nós.
Sozinhos e pobres.
Nos ajudávamos.
E isso foi a salvação.
Meu irmão era mais namorador.
Sempre tinha uma menina ao redor.
Perdeu a virgindade primeiro.
Eu era na minha.
Tímido.
Achavam que eu era gay.
Até que fiz dezenove anos e pensei que devia mudar.
Precisava sair de lá.
Naquele tempo, eu já necessitava de um
exílio.
.

Sonhava em morar na capital.
Eu conhecia Porto Alegre pela televisão.
Pelo Jornal do Almoço, na RBS TV.
Charmosa demais.
Cult.
Fui.
Fui querendo ser poeta.

Mas sabia que no fundo ia acabar num emprego de merda.
Não foi o caso.
Eu aceitaria qualquer coisa.
Fui pensando em procurar emprego em supermercado.
Empacotador.
Caixa.
Padeiro...
Qualquer coisa que pagasse o aluguel e a comida.
Fui querendo ser gente.
Fui pra fugir.
Fui sem eira e nem
beira.
.
Desci na rodoviária com uma mochila nas costas
Era madrugada.
Fazia frio.
Tinha poucas pessoas e a neblina cobria o céu.
Fui atrás de emprego e de um lugar pra ficar.
Não conhecia ninguém.
Mas consegui trabalho no mesmo dia.
Desci do ônibus e ao lado do guichê da *Ouro e Prata* tinha um anúncio.
Naquele dia teria seleção para trabalho na Xerox da PUC.
Às três horas da tarde.
Fui e me selecionaram.
Também, eu não tinha concorrente.
Era tempo de pleno emprego no Brasil.
Não havia desemprego.
Não que não houvesse, mas era menos que agora.
Me hospedei num hotelzinho barato.
Na esquina da rodoviária.
Hotel Conceição.
Um lixo.
Parecia os quartos de hotel dos personagens bêbados do *Bukowski*.
Crônica de um amor louco.
Mas fui ficando.
Até achar aquele apartamento na Santana.
Vi o anúncio num grupo do *Orkut*.
Procura-se rapaz para dividir apartamento.

Só dizia isso.
E eu era um rapaz.
Enviei uma mensagem por SMS.
Agendei a visita para o mesmo dia.
E no mesmo dia já fiquei morando no apê.
Meu quarto não tinha móvel.
Nem cama.
Nem nada.
Me emprestaram um colchão.
Pra quem não tinha nada, já estava de bom
tamanho.
.

Meu irmão foi pra Caxias do Sul na esperança de um vida justa.
E digna.
Contou com o auxílio de amigos que moravam lá.
De muito próximos, nos tornamos desconhecidos.
Naquela época não havia internet.
Até havia, mas só tínhamos acesso depois da meia noite.
Discada.
No início, eu falava com meu irmão uma vez por semana.
Do orelhão.
De ficha.
Tinha um orelhão na esquina do hotel, em frente à rodoviária.
Cada ficha durava três minutos.
Precisava falar rápido.
Uma ficha por ligação.
Depois nem isso.
Paramos de conversar.
Vi ele apenas uma vez nesse tempo todo.
Já se passaram mais de vinte anos.
Ocupado demais pra ver o irmão.
O amava.
Ainda amo.
Mas raramente lembro dele.
É comum deixar para trás as pessoas que
amamos.
.

Fui vivendo assim:

Pai sumido.
Mãe e irmão mortos
Outro distante.
Virei as costas para a minha história.
E ela pra mim.
Mas de qualquer forma, nunca fui ressentido.
Nem resignado.
Apaguei o meu passado.
A vida é assim.
Cheia de pequenas tragédias.
Tenho as minhas.
Todos têm.
Mas nem todos olham para elas.
Ninguém olha para trás.
Pra essa gente, só interessa o
futuro.
.
Em Porto Alegre, me reinventei.
Achei outros problemas para me preocupar.
Minha vida não permitiu que eu sentisse tristeza.
Nem saudade.
Vivi e esqueci.
O passado passou por mim.
Agora voltou.
Com tudo.
À galope.
Na oficina as memórias não param.
Elas vêm.
As vozes também.
Preciso fazer logo a caixa de memórias.
É noite, e hoje à tarde meu nariz começou a
sangrar.

Décimo quarto capítulo

Chove.
Pela primeira vez saí da oficina desde a vinda do professor Geraldo.
Chove há quatro dias.
Chove tanto que o pátio dessa casa mais parece uma lagoa.
De tanta água acumulada.
Uma correnteza atravessa o terreno de um canto ao outro.
A vida também é assim.
Alagada.
Só atravessamos a vida com ajuda de outras pessoas.
Jamais sozinhos.
Mas agora estou só.
A água alçava os meus tornozelos.
O pátio havia se transformado em um lamaçal, de tanto barro que havia.
Trovejava.
O céu tinha se pintado de um escuro triste, mas bonito.
Os dias ficam tristes quando chovem.
Mas sinceros.
A noite também é assim.
O dia é falso.
O sol também.
Falsos-felizes.
Escondem a tristeza que existe.
O cinza e a noite são
sinceros.
.
O pátio é grande.
A casa fica exatamente no centro do pátio.

O entorno é todo em grama.
Nenhuma outra construção.
Apenas a casa e os muros.
A casa foi herdada dos pais de Antônia, que morreram há pouco tempo.
Em um acidente de carro na BR cento e um.
Uma tragédia.
O pneu estourou.
E o carro capotou.
Ela estava brigada com os pais.
Pensei que Antônia jamais se recuperaria.
Mas se recuperou.
Ela sempre se recupera.
Agora leva a vida como se isso não tivesse acontecido.
Antônia é sensível como pele.
E forte como pedra.
Ao mesmo tempo.
A casa é ampla e deixamos de pagar mil e quatrocentos reais por mês de aluguel.
Mais quinhentos de condomínio.
Era o valor do apartamento que morávamos no Bom Fim.
Para Porto Alegre, não é caro.
Mas pô, são quase dois mil.
Só pra morar.
E a casa é na Cavalhada, pertinho do Guaíba.
E do estádio Beira Rio.
Eu odeio futebol.
Já gostei.
Mas peguei ranço.
O capitalismo manda e desmanda no futebol.
Dinheiro para cá e para lá.
Mercenários.
Não existe poesia.
E os torcedores se matam.
Assassinam outros torcedores.
Marginais.
Sou ex-gremista.
Ranzinza.
Gostava apenas de jogar futebol.

Fui um meio campista habilidoso.
Quando novo.
Jogava na armação.
Posição em extinção.
Jogava desde criança, nos campos de terra do bairro.
O campo ficava na frente da nossa casa.
No interior.
Depois joguei em time de futebol.
Sonhei ser profissional.
Todo moleque de vila sonha em ser jogador.
A maioria não
consegue.
.
Mudar para essa casa nos deu espaço.
Mais liberdade.
Francisco podia brincar.
De bola e de carrinho.
De luta e pega-pega.
Muros altos.
Alarme.
Portão eletrônico.
Tudo fechado porque a cidade anda mesmo perigosa.
Assaltam.
Assassinam e sequestram.
Temos que tomar cuidado com os *Bala na cara*.
Eu que o diga.
Mas essa suporta liberdade afastou ainda mais Antônia de mim.
A liberdade também afasta.
Temos espaço demais.
Nem tudo são flores.
A chegada do Francisco também nos afastou.
Tinha dia que não nos víamos.
Aquele fogo do início do namoro havia se
apagado.
.
Em dois mil e dez, Antônia estava muito ausente.
Mais do que o comum.
Longe de mim.

Longe do Francisco.
Não conseguia olhar diretamente nos meus olhos.
E passava o dia ao celular.
Chegava mais tarde do trabalho.
Ela era professora de Direito na FADERGS.
Uma pequena faculdade privada da cidade.
Na zona norte.
Isso antes de entrar na Universidade Federal.
Eu comecei a achar estranha a mudança de comportamento dela.
Antônia sempre foi honesta.
Mas sei lá.
Certa feita, enquanto dormia, acordei pé por pé e peguei seu celular.
Ela respirava profundamente.
Quase um ronco.
Mas Antônia jamais havia roncado nesses anos todos.
Sempre teve sono pesado.
Possivelmente sonhava.
Era três horas da manhã.
Tranquei-me no banheiro.
Meus dedos tremiam.
O coração estava disparado.
Como se saísse pela boca.
O sentia na garganta.
Desbloqueei o celular.
Eu sempre soube as senhas da Antônia.
Eram aqueles traçados na tela.
Pra cima, pro lado, pra baixo, pro lado.
Abri o *WhatsApp*.
Não havia nenhuma conversa.
Nenhuma que justificasse a desconfiança.
Papo com amigas.
Com uma tia.
Com alunos.
Abri o *Instagram* e tinha uma conversa não lida.
O *Instagram*.
Maldito.
Capaz de unir e separar.
O *Instagram* é inimigo de casais monogâmicos.

Um cardápio de oportunidades.
Ofertas demais.
Interação demais.
A conversa dizia:
- Estou com saudades. Boa noite. Beijos.
Abri o perfil.
Era um homem.
Mais velho que eu.
Também professor.
Parecia colega.
Mais alto que eu.
Boa pinta.
Olhei as fotos.
Uma a uma.
Todas.
Desde que existia a conta.
Antônia havia curtido a maioria delas.
Também era casado.
Antônia e eu nunca casamos.
Mas era como se fosse.
Tremi.
Senti raiva.
Tristeza.
Ela tinha um relacionamento com um colega de trabalho, pensei.
Certo que sim.
Um caso extraconjugal.
Antônia.
A mulher que havia me apaixonado.
Eu nunca havia me envolvido com ninguém.
Algumas paqueras.
Olhares.
Vontades.
Mas nada mais.
Abri o e-mail.
Antônia ainda usava *Hotmail*.
Usava desde a época do *Orkut*.
Na caixa de entrada do e-mail, não havia nada.
Olhei o lixo eletrônico, os rascunhos.

Nada.
Na seção enviados, tinha um e-mail intitulado "Sem assunto".
Abri.
Havia um anexo em documento em *word*.
Era uma carta, escrita por Antônia ao professor.
Dizia que ele havia transformado a vida dela.
Que era perfeito.
Que sentia vontade de tê-lo.
Que amava as tardes de sexo.
O motel.
As risadas.
As histórias.
Que ela o amava.
Mas que era preciso acabar.
Tenho marido e filho, dizia a
carta.
.
Voltei ao quarto e coloquei o celular no mesmo lugar.
Antônia dormia.
Silenciosamente, arrumei minha mochila.
Duas cuecas.
Uma bermuda.
Calça jeans.
Camisetas.
Tênis.
Um boné.
Escova de dentes.
Desodorante e shampoo.
Arrumei minhas coisas chorando baixo.
Era madrugada.
A traição é sempre uma tragédia.
Dei um beijo no Francisco, que também dormia.
Chamei um *Uber* e saí de casa.
Sem falar nada.
Fui para o hotel Pampa, na Cidade Baixa.
Cento e cinquenta reais a diária.
Desliguei o celular e chorei três dias.
Sem sair do quarto.

Me senti um lixo.
Todos me procuravam.
Imaginava Antônia nos braços do professor.
Antônia o chupando.
Da mesma maneira que me chupava no início.
Antônia transando.
Pedindo mais e mais.
Como fazia comigo.
A minha Antônia.
Aceitei conversar dez dias depois.
Ela chorava.
Implorava perdão.
Eu havia parado de chorar.
Havia prometido que não derramaria mais nenhuma lágrima.
Dez dias de lágrima estava bom.
Confessou a traição.
Que havia se envolvido e coisa e tal.
Mas que se arrependera.
Pediu que eu voltasse para casa.
Que eu era o seu amor.
Relembrava as coisas boas que havíamos passado juntos.
.
Voltei pra casa.
Eu amava Antônia.
Amava Francisco.
Uma separação é sempre uma catástrofe.
Ou não.
Uma separação de um filho pode ser o fim do mundo.
O amor é traiçoeiro.
Só o amor é capaz de perdoar.
Nada mais.
Depois daquilo, nunca mais nosso relacionamento foi o mesmo.
.
Eu sentei numa poça de água.
No pátio.
Chovia muito.

Muito tempo sem sair de casa.
Mesmo com chuva, fazia calor.
Sentei e deixei a água me banhar.
Precisava lavar minha alma.
Peguei o barro e esfreguei no rosto.
Nos cabelos.
Muito barro.
Sentia a água entre os dedos.
A água fria, o chão frio.
Deitei, olhando para o céu.
Deixei me molhar.
Caíam raios.
Relâmpagos.
Pensei que um raio pudesse me acertar.
Torci que me acertasse.
Em cheio.
Na barriga.
Nem isso.
Eu não queria morrer.
Nem viver.
Comecei a chorar.
Soluçar.
Gritei, aos berros.
Um frio me abateu.
Estava sem camisa.
De cueca.
Aquela mesma.
Sem elástico.
Que usava há dias.
O cachorro me olhava de longe.
Era outro que me projetava um olhar de pena.
Temos pena dos loucos.
Odiamos os loucos.
O portão se abriu, fazendo barulho.
A roldana estava estragada e o portão gritava um urro estridente.
Um barulho que parecia um arranhão.
Era Antônia e Francisco que chegavam.
De carro.

Ela do trabalho.
Ele da escola.
Tiveram um dia cheio.
Me olharam um olhar assustado.
Não havia sorriso.
Era noite.
Chovia.
Sete horas da noite.
Antônia, mais uma vez, sentia pena de mim.
Eu carregava a minha penitência.
Para eles, penitência.
Pra mim, liberdade.
Eu tinha me libertado.
Daquela vida.
Mas Antônia só podia sentir pena.
Eu não os olhei.
Segui deitado na chuva e no barro.
Eles entraram pra casa e não saíram mais.
Nenhum barulho.
Apenas a luz da cozinha.
Logo veio o escuro.
Dormiam.
Ou me espiavam pela fresta da janela.
Assustados.
Imagino que sim.
Eu fiquei ali.
Era final da tarde.
Deixei a chuva me inundar.
A noite caiu.
A madrugada me engoliu.
São seis da manhã e eu ainda continuo aqui, no pátio.
Molhado, na chuva.
Lembrando a traição da Antônia e o sorriso do
Francisco.

Décimo quinto capítulo

Ultimamente, eu andava abatido.
Uma fraqueza tinha me tomado.
Saí da oficina depois de muitos dias.
Fui à biblioteca da casa.
Não era uma grande biblioteca, mas havia livros.
Organizados ao acaso.
Na verdade, não havia organização alguma.
Estavam dispostos sem regras.
Um ao lado do outro.
Livros que acumulei ao longo da vida.
Comprados.
Emprestados e jamais devolvidos.
Ganhados.
Todo livro tinha uma
história.
.
Ao entrar em casa me senti angustiado.
Parecia uma casa alheia.
Residida por pessoas estranhas.
Desconhecidas.
Não era mais a minha casa.
Eu não precisava de uma casa.
Mas de uma oficina onde fosse possível pensar.
E criar.
Precisava de um livro.
Um livro qualquer.
Precisava ler.

Já tinha lido os que havia na oficina.
Alguns mais de uma vez.
Como *O lobo da estepe*, do Hesse.
Parei em frente à biblioteca e me deparei com um livro do Roque Dalton.
Chamava *Poemas clandestinos*.
Uma capa preta.
Apenas com o título, em branco.
Minimalista.
Que puta nome, pensei.
Peguei da estante e o levei para a oficina.
Devorei.
O livro me desorganizou.
Mais ainda.
Ao ler, senti como se Roque Dalton morasse na mesma casa que eu.
O escritor salvadorenho.
Poeta.
Habilidoso com as palavras.
Não sei de onde aquele livro havia saído.
Nem o porquê que eu nunca tinha lido.
A maioria dos livros que tinha em casa eu já havia devorado.
Ao longo da vida, me tornei um bom leitor.
Lia sem parar.
Esse deve ter sido da época em que eu assinava um clube de livros.
Vinha um por mês.
Entregue na porta de casa.
Numa caixinha.
Eu pagava oitenta e nove reais no cartão.
Crédito.
Meio *business*.
Mas valia a pena.
Acabei conhecendo livros que nunca acessaria.
Mas muita coisa que vinha eu não lia.
Ou preferia ler outras.
O dinheiro também estava pouco naqueles tempos.
Então os livros se acumulavam sem leitura.
Ficavam na estante, sem nunca terem sido
abertos.
.

Conhecer Roque Dalton foi como receber um abraço.
Ao final do livro, dez páginas de sua biografia.
Poeta e periodista.
Ativista político.
E intelectual.
Um poeta de esquerda.
Morreu assassinado.
Aos quarenta anos.
Revolucionário.
De língua
espanhola.

Sempre me soou muito bem a língua espanhola.
A América Latina.
Há certa honestidade no espanhol.
Li *Poemas clandestinos* sem parar.
Numa tacada.
Sem tirar os olhos do papel.
Nem ao banheiro fui.
Roque Dalton é daqueles escritores que nos sentimos próximos.
Passei a conviver com ele.
Me faz lembrar Mia Couto.
Eu havia visto Mia Couto em dois mil e treze no salão de Atos da UFRGS.
Ele fora convidado para a aula magna da Universidade.
Falou sobre *Memórias e histórias*.
Pausadamente.
Poético.
Me encantou.
A literatura me fascina.
Especialmente os poetas.
A poesia me move.
Me movimenta.
Olho o mundo pela poesia.
O mundo com a minha lente.
Sem interferências.
Isso faz eu entender um pouco mais a alma das pessoas.
A alma das coisas.
O livro que eu lia era sobre o pai do Roque, também poeta.

Poeta como meu pai.
Sua história era parecida com a minha.
Roque Dalton passou a morar na oficina.
Comigo.
Quando lemos um livro assim, o autor passa a conviver conosco.
.
Comecei a conversar incansavelmente com Roque Dalton.
Sobre literatura.
Sobre música latina.
Sobre sua mãe.
Sobre a minha.
- Que triste deve ser El Salvador, lá não tem Caetano Veloso. – Eu dizia.
- Lá não tem Chico Buarque.
Ele me falava que esses estavam mais lá do que aqui, nesse Brasil famigerado.
Lia meus escritos.
Palpitava.
- Esse trecho está pobre de linguagem.
- Aqui tem muito verbo.
- Isso é senso comum.
- Isso aqui tá genial.
- Essa crase está errada.
Sempre tive dificuldades com
crase.
.
Passei a escrever incessantemente.
Não pintava fazia alguns dias.
Pintei Geraldo e mais nada.
Uma tela.
Geraldo me olhava escorado na parede.
Era meu pai.
Geraldo agora era meu pai.
Roque era meu irmão.
Tínhamos o mesmo pai.
Também trabalhava sem parar na caixa de memórias.
Virei marceneiro.
Serrava madeiras milimétricamente.

Depois lixava.
Pregava.
Pintava.
Ligava os cabos e estavam prontas.
Fabriquei dezenas.
Farei milhares.
Minhas memórias estavam ali, guardadas em uma caixa pequena.
Cabia tudo.
E eram gratuitas.
Nesse mundo, nada mais é gratuito.
Nem osso de galinha.
Estão vendendo osso de galinha no mercado.
E o prefeito quer alimentar a população com ração.
Minha fábrica de memórias é solidária.
Precisamos armazenar nossas memórias.
Mesmo as tristes.
Refutar o passado é como morrer por
dentro.
.
As vozes haviam sumido.
No começo senti falta.
Mas depois que Roque Dalton chegou, ele supriu essa ausência.
Agora me ocupo com a sua voz.
Com a sua imagem.
Eu o via.
Ele passou a morar comigo na
oficina.
.
Eu enxergava Roque.
Sabia que ele não estava ali.
Mesmo assim o via.
Não era muito alto.
Pele branca.
Falava baixo, mas com força.
Eu escrevia.
E lia.
Sem parar.
As cartas ao Geraldo eram extensas.

Sangrava nas cartas o que sentia.
Querido pai
hoje lhe sonhei
estavas vestido de branco, branco todo, a velejar
uma camisa solta e a calça a lhe conferir sentimento
estava vestido para morrer de poesia.
tinha o rosto feliz. sorria.
sonhei com as estrelas e com teu abraço...
.
Também segui escrevendo poemas.
Muitos.
Ácidos.
Tristes.
Minhas cartas eram saudosistas.
Os poemas, malditos.
Recortava e os colava nas paredes, já tomadas de escritos.
De riscos.
Pinturas.
Colagens.
As paredes da oficina estavam tomadas.
Eram escrituras por todos os lados.
Nas paredes, sobre a mesa, no teto, pelo
chão.
.
A oficina era pequena.
Apenas uma peça.
Não mais que três metros quadrados.
Ao lado, um banheiro.
Um vaso sanitário.
Um chuveiro.
O banheiro tinha porta sanfonada, de plástico.
Não havia limpeza.
Nem sujeira.
Meu corpo também era limpo.
Era só o que precisava pra
viver.
.
E dizer que anteriormente eu escrevia poesias no celular.

Não sei mais o que é celular.
Nem internet e nem nada.
Antes, eu era capturado.
Preso.
Como se tudo isso fosse uma rede.
De pesca.
E eu preso num anzol.
Abria o celular a cada trinta segundos.
Olhava o *Instagram*, o *WhatsApp* e o *Twitter*.
Independentemente do que estivesse fazendo.
Tudo rápido.
Aquilo me
machucava.
.
Há meses eu não via Francisco.
Há dias sem ver Antônia.
Apenas eu e Roque Dalton.
Meu irmão mais velho.
Latino.
Nos bastávamos.
Ele era o meu alter ego.
Me ajudava nos afazeres da escrita.
Me aconselhava.
Ninguém melhor do que um irmão para aconselhar.
No escritório de advocacia que trabalhava, eu vivia recebendo conselhos.
De todo mundo.
Passei a odiar conselhos.
Quem sabe de mim sou eu.
Me aconselhavam a não usar aquela calça.
Uma bege que eu gostava.
Porque estava muito velha.
E podia manchar a imagem do escritório.
Falaram também da minha camiseta.
- Venha de camisa social.
Caralho, mas camisa social?
Pra que, porra?
Não faz diferença alguma.
- Pare de se atrasar.

- Aqui não pode sair mais cedo.
- Deves atender o telefone assim.
- Atender os clientes assado.
Atender a puta que pariu.
Regras pra tudo.
Deveres pra tudo.
Ficava à frente do computador o dia todo.
Tinha três e-mails diferentes para dar respostas.
Celular e telefone fixo.
E mais a campainha da
recepção.
.
Minha função no escritório era analisar processos criminais
Identificar os fluxos.
Solicitar documentos aos clientes.
Protocolar no sistema.
Acompanhar o caso.
E ir nas audiências.
Mas não entrava em contato com o Fórum.
Isso era com eles.
Os donos.
O casal.
Só depois descobri o porquê.
Quem assinava eram os chefes.
Eles sim eram advogados.
De respeito.
Eu um serviçal de quinta categoria.
Um pica fumo.
Eu odiava o Direito.
Depois da faculdade, nos humilhamos na prova da OAB.
Pra ser doutor.
Doutor é o caralho.
Doutor é quem faz doutorado.
E olhe lá.
Seja traficante, mas não seja advogado.
Sequestrador.
Sou exemplo de que um sequestro pode libertar.
Muitas vezes os advogados são mais bandidos do que os sequestradores.

Policiais também.
São os paradoxos do crime.
Sociedade
hipócrita.
.
Meus dias eram ler e reler processos.
O escritório era especializado em causas criminais.
Era famoso na cidade em defender marginal.
Escritório de porta de cadeia.
E eu me tornei especialista em gente que não presta.
Meus chefes ficaram famosos.
E ricos.
Ganharam fama quando trabalharam no caso *Dauxter*.
Alexandre Dauxter.
O jornalista assassinado no bairro Moinhos de Vento.
Quem matou foi Claudio Demert, um conhecido médico.
Ele mesmo se defendeu em júri.
Sob orientação do escritório Rizzard.
No caso, meus chefes.
Assassinato por causa de mulher.
As mulheres são sempre responsabilizadas por algo.
Vivemos o tempo das cavernas.
Pré-história.
Desenvolvimento em ladeira a baixo.
Depois desse caso, meus chefes ficaram conhecidos.
O casal Rizzard.
Advogado adora colocar o sobrenome no cartão.
Grande porcaria.
Durante o julgamento, eles deram entrevista na RBS TV.
Na Rádio Gaúcha.
Os bandidos todos passaram a procurar o escritório.
Era a salvação dos marginais porto-alegrenses.
Bandido, no desespero de sair da cadeia, paga o que tiver que pagar.
E meus chefes, picaretas, pagam propina pro juiz da 6ª vara.
Aí é batata: ganho de causa.
Salvo quando entra outro juiz.
Mas na maioria das vezes, eles levam.
O dinheiro compra tudo.

Só não compra vergonha na cara.
Mas isso no Brasil é artigo de luxo.
E o que vejo de gente defendendo essa mentirada toda.
As pessoas são inocentes.
E burras.
Eu entrei nesse
esquema.
.
Eu sabia de toda a tramoia que acontecia no escritório.
Mas me fazia de desentendido.
Fazia o trabalho e eles levavam a grana.
Alguns milhares.
Mas era melhor assim.
Não queria dinheiro sujo.
Queria o meu salário.
E só.
Com a grana ele comprava fazendas.
Carro importado.
Terno.
Gravata de grife.
Whisky.
Charuto.
É maçom.
Manda e desmanda em Porto Alegre.
Mas já tá velho.
E acabado.
Gordo.
Usa sempre calça marrom e suspensório.
Fala alto.
Como se fosse o dono do mundo.
Daqui a pouco bate as botas.
Vai tarde.
Já ela não quer acumular dinheiro.
Quer gastar.
Tem Botox acima e abaixo dos olhos.
Na boca.
No queixo.
Na testa.

Silicone nos seios e na bunda.
Crossfit e roupas caras.
Viagens.
É uma coroa gostosona.
E cara.
Transa com o advogado da sala comercial ao lado.
Trinta anos mais novo.
Fazem *crossfit* juntos.
Ele a come todas as tardes.
Ora no motel, ora no próprio escritório.
Dele.
E ela banca o garotão recém
formado.
.
Onde eu trabalhava, a mentira rolava solta.
Eles comigo e eu com eles.
Eles com os clientes.
Os clientes com eles.
Com o juiz.
Entre os dois.
Estão há mais de trinta anos assim.
No mercado.
Felizes.
Ou não.
Vá entender.
Mas eu não quero contar isso pro Roque Dalton.
Nem pro Mia Couto.
Nem pro Geraldo.
Nem guardar na minha caixa de memórias.
É preciso esquecer algumas memórias.
E isso eu vou vomitar.
Rasgar como se fosse papel.
Atirar no fogo.
Queimar.
Como queimei meus remédios.
Um mito africano diz que coisas ruins precisam ser queimadas.
Para que as cinzas possam nos salvar.
Lembro pra esquecer.

Nem todas as memórias fazem bem.
Na minha caixa vou guardar apenas as lembranças boas.
.

Estou sem comer há dois dias.
Esqueço.
Ando ocupado.
E feliz.
Nunca estive tão feliz.
As pessoas pensam que estou louco.
Me olho no espelho.
Só vejo ossos.
E pele.
Meu nariz não para de sangrar.
Pode ser o cromossomo Filadélfia.
Já é madrugada e eu nem sei mais o que é dormir.

Décimo sexto capítulo

Não consigo dormir há dias.
A febre tem me devorado.
Não há no corpo pior sensação do que a febre.
É um calor infernal.
Misturado com o frio.
Tenho calafrios.
Tremo.
Minha boca está seca.
Rachada.
Dói.
Vem de dentro.
De dentro da alma.
Como se o céu desabasse por dentro.
Há meses não vejo ninguém.
Só vejo o cachorro que me olha um olhar amigo.
Um cachorro que não é meu.
Não o escolhi.
Nem ele me escolheu.
Um vira lata.
Como eu.
Me vendo assim, acha que sou um eremita.
É mais um que pensa que sou louco.
E ele tem razão.
Eu virei eremita.
Não por penitência.
Mas por não tolerar o mundo.
Esse mundo lá de fora.

Superficial.
Eremita como os Padres do Deserto.
Como Santo Antão.
Que se mudou para o fim do mundo pra viver uma vida contemplativa.
Agora contemplo o meu mundo.
Contemplo a arte.
A arte pode aliviar a dor.
A dor desse mundo movido à dinheiro.
Pela ganância.
Pela vaidade.
Acabou pra mim.
Esse mundo me matou.
Moro numa caverna.
Na minha caverna.
Não sei do que esse cachorro se alimenta.
Nunca lhe dei comida.
Nem sei se ele existe.
Ou é criação da minha cabeça.
Não se sabe até onde vai a imaginação de um louco.
Os cachorros são sempre passivos, felizes.
Esse me sorri.
São simpáticos até com pessoas como eu, que os odeia.
Cachorros são
carentes.
.
Mesmo sem dormir, tenho sonhado.
Sonho acordado.
Sonho ou epifania.
Sonhei com Mercedez.
Tenho pensado em Mercedez nos últimos dias.
Mercedez foi uma mãe.
Me ajudou.
Me instruiu como uma mãe.
Nos meus sonhos ela vem em minha direção, pelos corredores da PUC.
Prédio onze.
Escola de Direito.
Xerox Todesquini.
Mercedez Todesquini.

As pessoas possuem nome.
E sobrenome.
Eu era feliz.
Pobre.
Fodido.
Mas feliz.
Um
rapaz.
.
Mercedez tinha um corpo esguio.
Falava baixo.
Como um sussurro.
Mas falava muito.
Sem parar.
Contava estórias.
E me olhava sempre nos olhos.
Um olhar vidrado.
Olhar fixo de quem presta atenção.
Observadora.
Ninguém mais presta atenção no que temos a contar.
Mas ela gostava de narrar seus feitos durante a ditadura militar.
Foi presa política.
Junto ao marido.
Nelson.
Morto há dez anos por um câncer no pulmão.
Militavam num partido político.
Clandestino.
Partido Comunista de Porto Alegre.
Meados dos anos sessenta.
Foi presa com Raul Pont.
Tarso Genro.
E Carlos Araújo, ex-marido da Dilma Rousseff.
- A prisão era uma masmorra. - Ela dizia.
Ficava em uma ilha próxima ao Rio Guaíba.
Hoje, é ponto turístico de Porto Alegre.
Onde a classe média vê o pôr do sol.
A mesma classe média que desconhece a história do lugar.
Alienados.

Vão para fazer *selfie*.
E postar nas redes sociais.
Lá, crimes eram cometidos.
Por militares.
Os mesmos militares que hoje ganham altíssimos salários do Estado.
Pagos por nós.
Sem fazer nada relevante ao país.
Ou melhor, pintam meio fio.
Mas isso não importa.
A própria Mercedez foi torturada.
Sem roupa.
Amarrada pelos braços e pernas.
Os militares lhe atiravam água fria.
Em seguida a eletrocutavam com fios desencapados.
De alta voltagem.
Encostavam o cabo nos bicos dos seios.
Nas axilas.
Quando não tentavam introduzir objetos na vagina.
O que tivessem em mãos.
Grampeadores.
Canetas.
Fuzil.
Estupradores!
Mas aí ela serrava as pernas e gritava o grito mais alto que podia.
Urrava feito um bicho.
- Os meses na prisão me fizeram a pessoa que sou hoje - contava.
Nunca dedurou companheiro
algum.
.
E eu amava as suas histórias.
Pareciam minhas.
Mercedez era uma senhora de bom coração.
Não devia ter nem sessenta anos, mas sua feição era velha.
Usava roupas escuras e óculos de grau a lhe cair à ponta do nariz.
Sabia sobre tudo: poesia, cinema, música e filosofia.
Havia viajado o mundo.
Gostava de fotografar.
Tinha quatro filhas, já adultas.

A mais nova lhe dava dores de cabeça.
Era mochileira e aventureira como a mãe.
E como o pai.
- Essa tem por quem puxar – ela
dizia.

Lembro da primeira vez que vi Mercedez.
Ela estava sentada na Xerox.
- Bom dia com licença eu vim para a entrevista de emprego é aqui? – eu falei.
Uma frase sem pausa.
Fruto do nervosismo e da urgência em ganhar a vida.
Mercedez lia o jornal Correio do Povo de traz pra frente.
Me olhou por debaixo dos óculos, séria.
Me fitou por instantes.
- Gostei de ti, menino. Pode começar agora mesmo. – Ela disse.
Me contratou sem saber nada de mim.
Logo começou a me explicar sobre máquinas de xerox.
Falar sobre impressões.
A cores.
Em preto e branco.
O troco.
O telefone.
Os clientes.
Os professores.
Falava também sobre Chico Buarque.
E sobre Hermann Hesse.
- Já leste O lobo da estepe? - ela indagou.
- Não - respondi.
- Então vou te emprestar. Precisa ler, menino. Se não ler, o mundo te devora.
Li numa sentada.
Ainda não conhecia Antônia.
Hoje dou razão ao protagonista do livro, Harry Haller.
Ele acreditava que sua integridade dependia da vida solitária que levava.
Em meio às palavras de Goethe e às partituras de Mozart.
Um intelectual tentando se equilibrar à beira do abismo.
Se equilibrar diante dos problemas sociais.
E individuais.

Harry foi o primeiro eremita que reconheci.
Agora sou um deles.
Fui incentivado por Mercedez, indiretamente.
Ela ganhava muito dinheiro com a Xerox.
Todo mundo fazia cópia ali.
Comigo, Marcos e Dandara, os funcionários.
Foi o melhor trabalho que tive.
Seis anos naquele lugar.
Ainda carrego Mercedez comigo.
A imensa Mercedez.
Carregamos as pessoas boas que passam por nós.
Mesmo que não
percebamos.
.
Depois que me formei, trabalhei ainda seis meses na Xerox.
Passei na OAB de primeira.
Só depois consegui emprego como advogado.
Na verdade, advogado de segunda linha.
Quase um estagiário.
Foram anos na Xerox.
Mercedez e eu choramos na despedida.
- Segue teu rumo, meu filho. – Ela disse.
E eu fui.
Ela agora também é minha
mãe.
.
Tenho saudades do Francisco.
E da Mercedez.
Essa noite minhas palavras serão pra ela.
Tenho muito o que dizer.
Muito o que escrever.
Meu corpo dói.
Não durmo.
Me sinto doente.
Não sei que horas
são.

Décimo sétimo capítulo

Roque Dalton também foi embora.
Desapareceu.
Sem se despedir.
Acordei e não estava mais.
Senti falta do espanhol arrastado.
Ao longo da vida vamos sendo abandonados.
Pelos que morrem.
Os que vão embora.
Que enveredam outros caminhos.
A vida é um eterno abandono.
Escritores também nos deixam.
A cada livro.
Um livro é um encontro.
Uma chegada.
Mas também abandono.
Vivemos com autores até a última palavra.
Depois jazem na memória.
Quando muito.
Eu perdi pessoas ao longo da vida.
Recordo as despedidas com frescor.
Minha mãe no caixão.
Meu irmão sepultado.
Na mesma cova.
Meu pai que nos
deixou.
.
Hoje compreendo meu pai.

A atitude dele não foi acertada.
Devia cuidar dos filhos.
Da família.
Da esposa.
Mas por vezes somos tomados por desejos incontroláveis.
Viver é habitar um eterno mal-estar.
Se confrontar com o estranho.
Com o improvável.
Ele nos abandonou para se salvar.
Do tédio.
Da
repetição.
.
Viver é habitar a morte.
Eu também abandonei muita gente.
Também abandonei meu filho.
Minha esposa.
Meus amigos.
Abandonei para me encontrar.
Encontrei vida nas coisas miúdas.
Nas coisinhas pequenas.
Como o poeta Manoel de Barros.
Nas coisas que para o mundo são
desimportantes.
.
Nesse mundo que habito agora, viajo sem sair de casa.
Viajo em mim.
Sem sair da oficina.
Sempre tive poucas estórias de viagens.
Dessas geográficas.
As viagens que tive são do interior para Porto Alegre.
De Porto Alegre para o interior.
Para o Rio de Janeiro.
Para o Uruguai.
E só.
É pouco para uma vida de quarenta anos.
Sempre quis sair pelo mundo.
Como Antônia.

Ela conhece a Europa e os Estados Unidos.
Boa parte do Brasil.
Filha de pai rico.
Viajar é privilégio.
Mas enamorou-se comigo.
Um sonhador atropelado pela vida.
Pelas circunstâncias.
Um sonhador que nasceu no lugar errado.
Na hora
errada.
.

Hoje me interessa os livros.
As músicas.
A escrita.
A tinta jogada na tela.
As palavras me interessam mais do que as vidas.
Que as pessoas.
Deixei de gostar de pessoas.
De morar nelas.
Eu que sempre me preocupei com os outros.
Com o que pensariam de mim.
Como os outros viveriam.
Os outros, os outros.
Sempre os outros.
Agora, danem-se os
outros.

Décimo oitavo capítulo

Estou doente.
Sinto a doença me corroer feito ferrugem.
Não a doença que pensam que tenho.
A loucura que me atribuem.
A esquizofrenia.
Os diagnósticos que os médicos me deram após a internação.
Os psiquiatras são mais loucos que eu.
Meus chefes.
Meus amigos.
Antônia.
Vivem vidas de merda.
Mentirosas.
Eu também.
Mas ao menos agora estou coerente.
Coerente comigo mesmo.
Não incomodo ninguém.
Não tolero ninguém.
Não preciso suportar evangélicos.
Crossfiteiros.
Coaches.
As elites e os místicos.
Não preciso tolerar políticos.
Falsos amigos.
Tolerar
oportunistas.
.
Falta autenticidade às pessoas.

Isso cada vez mais raro.
Estão todas iguais.
Idênticas.
O mundo está tomado por gente com respostas prontas.
Soluções fáceis demais.
Pessoas felizes demais.
Hipócritas.
Sei que no fundo sofrem.
E se não sofrem é porque não compreendem o mundo.
Compreendem no máximo o próprio
umbigo.
.
Minha doença é outra.
Estou sangrando há muitos dias.
Sangro pelo nariz.
Pelo ânus.
Pelo pênis.
A viscosidade do sangue.
Quente.
Úmido.
O sangue, quando extravasa a pele, é como um grito.
De desespero.
Um urro.
Um pedido de socorro.
Mas não me desespero.
É o meu próprio sangue.
Não posso ter medo do meu próprio
sangue.
.
Ontem me olhei no espelho.
Estou pálido como folha de ofício.
Branco.
Fraco.
Também minha pele está tomada por feridas.
Algumas expulsam secreção.
Minha boca tem bolhas.
A língua está coberta por uma camada branca.
A pergunta de Baruch Espinoza.

O que pode o corpo?
Não sabemos o que pode o corpo.
Experimento o corpo ao limite
máximo.
.
Não me importo.
A doença é minha.
Eu sou a própria doença.
Faz parte do meu corpo.
Da minha alma.
Estou doente.
Sozinho.
Me sinto quente e minhas pernas doem.
Escrevo.
Escrevo sem parar.
Só a escrita pode me curar.
A poesia ressurge sabe-se lá de onde.
Os papeis escritos têm meu sangue.
A tinta da caneta azul e o vermelho do sangue pingam sobre a folha branca.
Um vermelho azulado.
Escuro.
Enquanto escrevo, sentado à mesa, com a cabeça baixa, pinga meu nariz.
Cai sangue sobre as folhas.
Se esparramam.
Devo ter escrito mais de mil páginas depois que comecei a sangrar.
A doença ativa a memória.
A loucura também.
A minha loucura.
Não a loucura que pensam de
mim.
.
Leucemia.
Deve ser leucemia.
Não sei.
Cromossomo Filadélfia.
A doença nos conecta à doença dos outros.

Lembro da enfermidade do meu irmão, mais velho que eu.
Morreu sem saber o que era a vida.
Morreu de doença antes de viver.
A doença do meu pai, poeta maldito, que combaliu feito um canalha.
Da minha mãe, fulminante, que lhe parou como um tiro no peito.
Fez parar o coração que sofreu.
Agora a minha doença.
Estamos unidos.
Todos.
A doença une.
Agrupa.
Morreremos.
Mas a minha morte é solitária.
Todas são.
Mas a minha é
mais.
.
Vou tratar minha doença com imaginação.
Com memória.
Por isso a Caixa.
Vou trata-la com palavras.
Nenhum medicamento é capaz de estancar o sangue que escorre de dentro de mim.
Apenas as palavras.
Busco uma a uma.
Palavras certeiras.
Elas surgem inesperadas.
Apenas aparecem.
A escrita é a minha
quimioterapia.
.
Estou sozinho na oficina.
Completamente sozinho.
Não me mexo mais.
Falo baixo.
Sem parar.
As vezes grito.
Meu corpo dói.

Não tenho nome.
Nunca tive.
Me sinto fraco.
Tonto.
Preciso deitar.
Um sono me abate.
Tudo gira.
Vou desmaiar.
Vejo minha mãe.
Ela está vestida de branco.
Com a mão espalmada.
Ela me sorri.
Estico minha mão.
Ela me pega nos braços.
Sinto meu corpo aquecer.
É meu fim.
Sangro sem
parar.

Último capítulo

Meu dia começou estranho.
Sete de fevereiro.
Dois mil e dezesseis.
Hoje completo quarenta anos.
Uma alegria.
Pela primeira vez em muitos anos, acordei antes do relógio despertar.
Era cinco e meia da manhã.
Estava escuro.
Alonguei minha coluna no tapete da sala.
Fazia calor em Porto Alegre.
Tomei um banho rápido e fui logo pro trabalho.
Antônia e Francisco dormiam.
Não quis acorda-los.
Deixei o café pronto.
Omelete e mamão.
Uma jarra de café preto.
Forte.
Deixei um bilhete em cima da mesa.
Meus amores
Hoje é meu aniversário
E o maior presente são vocês.
Beijos e até à noite.
Chamei um Uber pra deixar o carro para Antônia.
No caminho, troquei uma palavra ou outra com o motorista.
Era formado em biologia, com mestrado e doutorado.
Fazendo Uber.
Às sete horas da manhã.

Fui mexendo no celular.
Resolvendo coisas do trabalho.
Respondendo em áudio, sem olhar o trânsito que engarrafava.
Mensagens atrasadas, vídeos.
Dei uma bisbilhotada no *Instagram*.
Me atualizei das últimas notícias no *Twitter*.
Cinquenta minutos depois, estava no
escritório.
.
Ainda ninguém havia chegado.
Nenhum colega.
Passei café e deixei pronto o chimarrão.
Fui ao banheiro e caguei.
Sempre chego mais cedo pra poder cagar despreocupadamente.
O Luiz e o Carlos foram os primeiros a chegar.
Me deram um abraço apertado e felicitações pelo meu aniversário.
Logo chegou a Eduarda.
A Luiza.
A dona Fátima.
Lázaro e Vicenza chegaram depois do meio dia.
Trouxeram bolo.
Salgados.
Refrigerante.
E velas.
Cantamos parabéns.
Pra mim.
Embora pedissem discurso, discurso, discurso, eu apenas
agradeci.
.
Foi um dia de trabalho tranquilo, embora tenha analisado vinte e nove
processos judiciais.
Vinte e nove é muita coisa.
Mas nem tanto.
Deu pra ouvir o disco inteiro do *Dire Straits* nos fones de ouvido.
Brothers in arms.
Sonzeira.
Também li a coluna do Juremir Machado e do Roger Lerina.
E comprei os ingressos para o show do Caetano Veloso no Araújo Vianna.

Me senti importante.
Estou de aniversário.
Nunca gostei de aniversários.
Nem o meu, nem de outros.
Muito menos aniversário de crianças.
Mas dessa vez foi diferente.
Quarenta anos.
Me sinto maduro.
Me sinto mais
feliz.
.
Saí do escritório às cinco e meia em ponto.
Chamei um Uber.
Peguei a mochila e me despedi.
Quando pedi o elevador, ouvi um grito.
Era Carlinha, pedindo que eu segurasse.
Esperei e ela veio ao meu encontro.
Me abraçou forte.
Como nunca havia me abraçado.
Senti seu corpo.
Seus seios.
Seu cheiro.
Ficamos um tempo abraçados, nos sentindo.
Ela vestia calça jeans apertada e uma blusa com parte dos seios à mostra.
Parte da barriga.
Parte de tudo.
Me desejou parabéns e se desculpou por não ter ido nos comes e bebes.
Falou que o dia havia sido difícil.
Que precisava conversar.
- Tu aceita uma carona? – Ela perguntou.
Titubeei.
Como assim uma carona, pensei.
- Mas eu moro longe, na zona sul – respondi. Não quero incomodar.
- Também moro na zona sul. Para com isso. Eu te deixo em casa.
– ela propôs.
Falei que então, ótimo.
Cancelei o Uber que estava à
caminho.

.
Carlinha não dirigia bem.
Entre uma barbeiragem e outra, ela ria.
Ria com o riso mais branco que eu havia visto.
Tinha dentes perfeitos.
O batom vermelho deixava a boca mais carnuda.
Tinha a pele bronzeada e uma tatuagem no braço.
Um *piercing* de argola no nariz.
Dirigia um HB20 branco.
No aparelho de som tocava Ludmilla.
No caminho, Carlinha me olhava nos olhos.
E vez ou outra encostava em mim.
Mandei um áudio pra Antônia colocar a bebida pra gelar.
Champagne e cerveja.
- Então vai ter festinha? – perguntou Carlinha.
- Sim, alguns amigos vão na minha casa pra comemorar os quarenta – respondo.
- Tu está bem pra quarenta – Ela brinca.
Antônia envia mensagem dizendo que Francisco está em casa.
Essa notícia me alegra.
Francisco é o que há de mais lindo no mundo.
Digito que estou indo de Uber e que logo estarei em casa.
Escrevo *Te amo*.
Antônia não
responde.
.
Carlinha conta os problemas com a mãe.
Que ela usa medicamento controlado.
Brigam sem parar.
Que a mãe quer controlar a sua vida.
Mas que é bem grandinha e sabe o que faz.
Eu escuto com atenção.
Carlinha é linda.
Madura pra idade.
Tem vinte e quatro.
Tom manda mensagem perguntando o que é pra levar.
Respondo apenas o que for beber.
Comprei picanha.

Coraçãozinho de frango.
Queijo.
Pão com o alho.
Vai rolar churrasco.
Essa semana tivemos sucesso no caso do traficante Xandô e entrou uma grana a
mais.
.
À medida que conversamos, o transito fica engarrafado.
São seis e quinze.
Estamos há quarenta e cinco minutos no carro.
Carlinha fala de relacionamentos.
Diz estar solteira porque nunca encontrou alguém que valesse à pena.
Que gosta de homens mais velhos.
Porque os caras na idade dela são muito
imaturos.
.
O carro se aproxima do sinal.
Ela dirige devagar, quase parando.
Sinal amarelo.
Vermelho.
O carro para.
Ela me olha timidamente.
Seu rosto tem um tom rosado.
Como eu nunca vi.
Uma pele jovem.
Eu a olho.
Nossos rostos se aproximam.
Tenho vontade de beijá-la.
Sempre tive.
É meu presente.
De aniversário.
Avanço devagar.
Sinto um desejo pela sua boca.
Na minha.
As bocas estão próximas.
Levemente se encostam.
Ouço um berro.

- Desce desse carro, filho da puta!
Por um milésimo de segundo pensei que esse grito não fosse pra mim.
Mas era.
Um estrondo.
Alguém acertou um tiro no meu ouvido.
Deve ser alguém dos *Bala na Cara*.
Vejo minha mãe.
Não tenho nome.
Eu nunca tive um nome.
Sangro sem
parar.

- editoraletramento
- editoraletramento.com.br
- editoraletramento
- company/grupoeditorialletramento
- grupoletramento
- contato@editoraletramento.com.br

- editoracasadodireito.com
- casadodireitoed
- casadodireito